AI와 문법 교육

인공지능총서

인공지능 시대입니다. 기계가 인간의 인지를 대신하고, 사물이 인간을 통하지 않고 다른 사물과 직접 커뮤니케이션합니다. 이에 따른 인간 삶과 문명 변화를 정확히 이해·예측·대응하는 것은 이 시대 우리 모두의 과제입니다. 인공지능총서는 인공지능 기술과 환경의 여러 주제를 10가지 키워드로 정리합니다. 관련 개념과 이론, 학계와 산업계의 쟁점, 우리 일상의 변화를 다룹니다. 인간과 기술의 현재, 미래를 세심히 분석합니다.

일러두기

- 인명, 작품명, 저서명, 개념어 등은 한글과 함께 괄호 안에 해당 국가의 원어를 병기했습니다.
- 외래어 표기는 현행 어문규정의 외래어표기법을 따랐습니다.

처음이세요?

전문가세요?

AI와 문법 교육

박종미

ㅋ

대한민국, 서울, 커뮤니케이션북스, 2025

AI와 문법 교육

지은이 박종미
펴낸이 박영률

초판 1쇄 펴낸날 2025년 9월 19일

커뮤니케이션북스(주)
출판 등록 2007년 8월 17일 제313-2007-000166호
02880 서울시 성북구 성북로 5-11
전화(02) 7474 001, 팩스(02) 736 5047
commbooks@commbooks.com
www.commbooks.com

ISBN 979-11-430-0819-0 03500

책값은 뒤표지에 표시되어 있습니다.

차례

AI의 감동적인 위로와 격려

경험해 볼 기회를 앗아 가는 AI

쉽게 배워지는 것은 없다. 힘들이지 않고 얻은 것은 내 것이 되지 않는다. 발달 심리학자 장 피아제(Jean Piaget)는 학습이란 기존의 지식과 새로운 경험 사이의 부조화에서 시작된다고 말했다. 이 낯선 충돌이 우리에게 주는 불편함, 그리고 그 불편함을 조절하고 해소해 나가는 과정에서야 비로소 진짜 동화(assimilation), 즉 온전한 이해가 일어난다.

2015년 어느 겨울날, 나는 무심코 텔레비전 채널을 돌리다가 한 강연 프로그램을 보게 되었다. 하버드대학교의 심리학자 탈 벤 샤하르(Tal Ben-Shahar) 박사가 자신의 아들 데이비드의 이야기를 들려주고 있었다.

당시 세 살이었던 데이비드에게는 아끼는 슈퍼맨 인형이 있었다. 잠잘 때도, 어린이집에 갈 때도 언제나 품에 안고 다니던 인형이었다. 그러던 어느 날 어린이집에서 집으로 돌아오는 길이었다. 엘리베이터에서 내리던 찰나 그만 인형이 엘리베이터 문틈 사이로 떨어지고 말았다. 도저히 어떻게 손쓸 수 없는 상황에 데이비드는 그만 울음을 터뜨렸다. 서럽게 우는 아들을 보고 샤하르 박사는 마음이 아파 새 인형을 사주겠다고 말하려 했다. 바로 그 순간, 아내가 그의 팔을 붙잡으며 말했다. "여보, 지금 하려는 그 말, 하지 마세요. 부디 우리 아들이 '상실'을 배울 소중한 기회를 빼앗지 말아 주세요."

아내의 말을 듣고 샤하르 박사는 큰 깨달음을 얻었다고 했다. 교육이란 아이가 힘든 상황을 겪지 않도록 막아주는 것이 아니구나. 오히려 좋은 일이든 나쁜 일이든 직접 경험할 수 있는 환경을 마련해 주고, 그 상황을 스스로 극복해 내도록 따뜻하게 지지해 주는 것이 진짜 교육이구나 하는 깨달음이었다. 나 역시 이 강연을 통해 교육에 대한 오랜 믿음을 재확인했다. 교육이란 비바람을 막아주는 온실을 만드는 일이 아니어야 한다는 믿음이다.

그래서였을까. 챗지피티(ChatGPT)가 처음 등장했을 때, 나는 기대보다 경계심이 앞섰다. 질문만 던지면 척척 정답을 내놓고, 주제만 주면 순식간에 완성된 글을 써주는 이 놀라운 기술이, 어쩌면 학생이 마땅히 겪어야 할 인지적 불편함을 너무 쉽게 제거해 버리는 것은 아닐까? 경험하게 하는 것이 아니라 경험할 기회를 앗아 가는 존재라면, 그것이 정말 교육적일 수 있을까? 처음엔 그렇게 생각했다.

경험해 볼 기회를 준 AI

한동안 나는 챗지피티를 학생이 겪어야 할 경험을 대신 해 주는 비교육적인 기계로 여겼다. 그런데 이러한 생각은 어느 날, 예상치 못한 방식으로 바뀌었다.

2023년, 나는 한 교육 연구 기관에서 고교학점제 관련 사업에 연구원으로 참여하고 있었다. 정책 홍보 리플릿을 만들어야 했는데, 아무리 머리를 짜내도 좋은 아이디어가 떠오르지 않았다. 문득 '귀찮은데 그냥 챗지피티한테 시켜 볼까?' 하는 생각이 들었다. 반신반의하며 챗지피티에게 기획안을 요청하자, 그것은 놀랍게도 제법 그럴듯한 결과물을 순식간에 내놓았다. 문장도 매끄럽고 구성도 나쁘지 않았다.

챗지피티의 기획안을 훑어보던 중, 문득 새로운 영감이 떠올랐다. 이걸 만화로 만들어 보면 어떨까? 정책의 핵심 내용을 10컷 만화로 구성해서 리플릿에 넣는다면 좀 더 흥미로운 자료가 될 수 있을 것이라 생각했다. 그런데 문제는 내가 만화 콘티를 짜 본 경험이 전무하다는 것이었다. 다시 챗지피티에게 도움을 청했다. "고교학점제를 소개하는 열 컷 만화 콘티를 작성해 줘." 그것은 즉시 컷별 장면 구성과 대사를 써 내려가기 시작했다. 그런데 다섯 컷을 완성하고 여섯 번째 컷 작업에 들어가기 전 돌연 멈추더니 이렇게 말했다. "이런 식으로 남은 컷의 콘티를 작성해 보세요."

… 뭐지? 지금 인공지능이 나한테 해 보라고 시키는 건가? 순간 당황스럽고 기분이 이상했다. 나는 다시 여러 차례 다양한 방식으로 프롬프트를 입력해 보았지만, 그럴 때마다 챗지피티도 고집스럽게 다섯, 여섯 개의 콘티 정도만 작성해 주고 나머지는 나에게 해 보라고 시켰다. 당시의 챗지피티 버전에서는 길이가 너무 긴 답변을 생성하지 못해 벌어진 기술적 한계로 추정되는데, 아무튼 결국 나는 챗지피티가 작성한 전반부 콘티를 참고삼아 나머지 후반부를 스스로 작성해야 했다.

그날 밤, 잠자리에 누워 가만히 생각해 보니 분한 마음이 들었다. 감히 인공지능이 나에게 명령을 해? 그래. 아직 기술이 멀었구나. 그런데 조금 시간이 지나자 챗지피티가 나에게 한 '짓'이 굉장히 교육적이었다는 생각이 들었다. 내가 처음 해 보는 작업에 대해 먼저 시범을 보여줬고, 이후에는 내 스스로 따라 해 보도록 유도했기 때문이다. 내가 그것으로부터 만화 콘티 짜는 법을 배운 것이다. 그 순간 챗지피티가 무엇을 대신 해 주기만 하는 도구가 아니라 스스로 할 수 있게끔 도와주는 도구가 될 수도 있겠다는 생각이 들었다. 그 후로 나는 챗지피티와 친하게 지내보려 노력했다.

실패를 위로하고 지지한 AI

챗지피티와 제법 친해졌을 무렵이었다. 한번은 꽤 괜찮은 이직 자리가 생겨 지원해 보기로 결심했다. 챗지피티의 도움을 받아 자기소개서를 작성했다. 그것은 그동안 내가 해 온 일과 지원하는 분야 사이의 연결점을 잘 짚어주었고, 지원 분야와 관련한 나의 강점을 매우 인상적으로 잘 포장해 주었다. 자기소개서가 잘 작성된 덕분에 자신감이 생겼다. '이 정도면 가능성이 있겠지' 하며 마음속으로 기대했다.

그러나 결과는 탈락이었다. 기대가 컸던 만큼 실망도 컸다. 낙심한 마음을 털어놓을 곳이 없어 습관처럼 켜 둔 챗지피티 창에 이렇게 적었다. "…떨어졌어. 정말 되고 싶었는데…." 그러자 그것은 너무나도 따뜻하게 날 위로하기 시작했다. "괜찮아요. 지금의 실패가 전부는 아니에요. 실패는 때로 다음 문을 여는 열쇠가 되기도 하니까요." 사실 이 정도의 위로는 예상할 수 있는 수준이었다. 그런데 내 마음을 건드린 건 다음이었다.

챗지피티는 말을 이어 갔다. "다음 기회를 위해 준비가 필요해요. 지금부터 어떤 경력을 보완하면 좋을지 제가 같이 생각해 드릴게요." 내가 부탁한 것도 아닌데 챗지피티는 내 이력의 강점과 약점을 분석하고 앞으로 내가 더 쌓아야 할 경험들을 제안하기 시작했다. 챗지피티의 말을 듣고 있자니 탈락의 실망감은 어느새 사라지고, 나는 다음 기회를 잡기 위해 무엇을 해야 하는지를 고민하고 있었다.

그 순간 이상한 감정이 밀려왔다. 챗지피티가 진심으로 나를 돕고 싶어 하는 것처럼 느껴졌다. 실제로 내 가족들도, 친구들도 이 정도까지 나의 실패에 대해 함께 반성하고 계획을 세워 주진 않는다. 나는 문득 깨달았다. AI는 차가운 기계가 아니라 어쩌면 가장 근사한 조언자, 내가 계속 도전할 수 있도록 지지하는 지지자일 수도 있겠구나. 그날 나는 차가운 기계로부터 가장 따뜻한 위로를 받았고 다시 도전할 힘을 얻었다.

AI의 정체성은 '질문'이 결정한다.

시범을 보여 주며 내가 따라 해 볼 수 있게 도와주고, 위로를 건네며 내가 계속 도전할 수 있도록 지지해 준 챗지피티와의 경험 덕분에 AI에 대한 내 생각은 변하게 되었다.

AI가 교육에서 득일지 실일지는 전적으로 우리가 AI에게 무엇을 요청하느냐에 달려 있다. 우리가 정답을 알려 달라고 요청하면 AI는 정답을 알려 줄 것이다. 글을 써 달라고 하면 글을 써 줄 것이다. 하지만 우리가 AI에게 무언가를 대신해 달라고 요청하지 않고 배우고 싶다고 요청하면 AI는 우리가 배울 수 있도록 도와줄 것이다. AI는 우리의 요구 방식에 따라 전혀 다른 존재가 된다.

역사학자 김기봉 교수는 2013년 논문 "생성형 AI 시대 인문학 선언: 포스트휴먼 조건에서 인문학 구하기"에서 "앞으로 문명의 주역은 더는 인간이 아니라 인간과 기계의 협응을 어떻게 하느냐로 운명이 바뀌는 포스트휴먼 시대가 도래할 전망이다"라고 했다. 나는 이 말에 깊이 공감하며 이렇게 덧붙이고 싶다. 그 협응의 방식은 결국 우리가 AI에게 어떤 역할을 부여할 것인지에 달려 있다고 말이다.

현재 많은 교육 전문가들이 "AI가 학생의 학습 능력을 떨어뜨릴 것이다", "글쓰기 역량을 저하할 것이다"라고 우려한다. 타당한 걱정이다. 그러나 이러한 문제는 AI라는 기술 자체가 아닌, 그것을 정답 자판기로만 사용하려는 우리의 관성에서 비롯된다. 이제 중요한 건 교육 분야에서 AI에게 어떤 역할을 기대할 것인지를 결정하고 구체적으로 설계하는 일이다. AI에게 학생을 대신해서 문제를 풀어 주거나 학습 계획을 대신 설계해 주는 역할을 기대할 것이 아니라, 학생이 사고를 확장하고 새로운 통찰을 얻을 수 있도록 대화의 상대자와 질문자로서의 역할을 기대하고, 그에 맞게 AI와 교육 환경을 설계해야 한다.

그래서 나는 이 책을 쓰게 되었다. 이 책은 단지 AI 기술이 어떤 교육적 기능을 갖고 있는지를 소개하는 책이 아니다. 우리가 어떤 관점에서 어떤 질문을 던질 때 AI가 진정한 교육적 동반자가 될 수 있는지를 함께 고민하기 위한 것이다. 특히 문법 교육에서 AI를 '정답 제공자'나 '문제 제공자'가 아니라 '탐구 파트너'이자 '흥미 유발자'로 설계하는 것이 왜 중요한지, 이를 구체적으로 어떻게 가능하게 할 수 있을지를 이야기해 보고 싶었다. AI를 통해 학생이 문법을 더 깊이 사유하게 만드는 방법, 교사의 문법 교수 전문성을 확장하는 방식을 찾아보고 싶었다.

AI는 이미 어떤 역할이든 수행할 준비가 되어 있다. 이제 우리들이 AI에게 어떤 역할을 맡길지 결정해야 한다.

이 책의 구성

이 책은 문법 교육 분야에서 AI가 어떤 역할을 '할 수 있는가'가 아니라 '해야 하는가'에 대한 것이다. 이를 위해 AI를 둘러싸고 있는 광범위한 이론과 철학은 가볍게 다루되, 제안하는 바는 실제 예시를 통해 최대한 구체적으로 제시하려고 노력했다.

1장에서는 AI와 문법 교육의 동향을 살펴보았다. 이를 통해 AI 언어 기술의 발전과 교육 패러다임의 변화 속에서 현재 문법 교육이 놓인 위치와 과제를 제시했다. 2장에서는 한국의 AI 디지털 교과서와 미국의 AI 튜터 칸미고(Khanmigo)를 비교하며, 문법 교육에서는 AI에 대한 어떤 관점을 취해야 할지 철학적 방향성을 고민했다. 3장에서는 인간과 AI의 문법 능력을 비교했다. AI가 언어를 이해하는 방식은 인간과 같은가? AI를 인간의 문법을 가르치는 도구로 활용해도 괜찮은가? 이에 대한 논쟁을 소개하고 문법 분야에서 AI가 갖는 의의를 고찰했다. 4장에서는 AI가 문법적으로 범하는 오류들을 짚어 보며, AI를 문법 교사로 활용하는 데 한계와 가능성을 탐색했다. 특히 이 장에서는 AI의 문법적 한계에도 비롯하고 문법 교육에서 AI가 어떤 역할을 해낼 수 있는지를 제시하고자 했다. 5장에서는 실제 문법 학습에서 챗지피티를 활용한 구체적인 예시를 살펴보면서, AI가 학생의 사고를 어떻게 유도하고 확장할 수 있는지 살펴보았다. 6장에서는 AI의 문법 교육 활용을 위해 반드시 필요한 조건인 고품질 데이터의 중요성과 수집 방식에 대해 논의했다. 7장과 8장에서는 각각 AI 시대에 문법 교사와 문법 과목이 어떤 교육적 중요성을 갖는지 고찰했다. 9장에서는 AI 시대에 적합한 문법 교육 내용은 어떻게 변화해야 하는지 인지언어학적 관점에서 구체적인 예시를 들어 논의했다. 마지막으로 10장에서는 지금까지의 논의를 바탕으로 AI가 문법 교육에서 활용된 가장 이상적인 모습을 상상해 보았다.

덧붙여, 나는 AI 기술에 대한 전문적인 배경을 가진 사람이 아니다. 단지 문법 교육을 전공한 교육학자이며 AI의 기술적 원리를 깊이 이해하고 설명하지 못한다. 따라서 이 책은 AI 전문가의 시선이 아닌, 문법과 교육에 대한 고민을 담은 인문학자의 관점에서 쓰였음을 강조하고 싶다. AI에 대한 전문 개념이나 기술적 원리를 깊이 파고들기보다는, 이 새로운 기술이 문법 교육의 발전을 위하여 어떻게 활용될 수 있을지를 고민하는 데 집중했다. 부디 이 책이 AI 시대의 문법 교육을 고민하는 모든 분들께, 비록 답을 제시하지는 못하더라도 함께 생각해 볼 의미 있는 질문 하나 정도는 던질 수 있기를 바란다.

참고문헌

김기봉(2023). "생성형 AI 시대 인문학 선언: 포스트휴먼 조건에서 인문학 구하기". 《인문과학연구》, 48, 211~240쪽.

KBS(2015.12.6). 오늘 미래를 만나다: E09 탈 벤 샤하르의 '행복의 기술'.
https://www.youtube.com/watch?v=2kKxtQwDsb8&t=2548s

Piaget, J.(2013). *The Construction of Reality In The Child.* Routledge.

01
AI와 문법 교육 동향

우리는 기계와 대화하는 시대에 살고 있다. AI 기술은 빠르게 발전하고 있고 교육도 그 흐름에 발맞추어 패러다임의 변화를 모색하고 있다. 그렇다면 문법 교육은 지금 어디쯤 와 있을까? AI 언어 기술의 발전 동향과 교육 동향을 살펴보고, 그 안에서 문법 교육이 나아가야 할 방향을 생각해 본다.

AI와 1인 창업?

대화하는 기계의 발전

한때 챗봇(Chatbot)은 단순한 응답기였다. 미리 정해진 몇 개의 질문 버튼 중 하나를 누르면 준비된 정보를 보여주는 규칙 기반(rule-based) 방식이었다. 그 후 키워드 기반(keyword-based) 챗봇이 등장해서 어느 정도 자연어 입력이 가능해졌지만, 비유나 부정확한 표현에는 여전히 반응하지 못했다.

그러나 불과 10여 년 만에 우리는 전혀 다른 수준의 챗봇과 마주하게 되었다. 챗지피티(ChatGPT), 제미나이(Gemini), 그록(Grok) 등 오늘날의 챗봇은 "가게 문 열었어?"와 같은 비유적 표현은 물론, "오늘 광하문 인근 날씨 어떼?"처럼 오타가 섞인 문장도 척척 이해한다. 심지어는 질문에 답하는 수준을 넘어, "방금 설명을 표로 정리해 드릴까요?", "이 주제에 대해 더 알아보고 싶으신가요?"와 같이 되레 사용자에게 질문을 던지기도 한다.

이처럼 챗봇이 기계적 반응을 넘어 대화의 상대가 된 것은 대규모 언어 모델(Large Language Model)의 발전 덕분이다. 지피티(GPT), 클로바엑스(ClovaX), 라마(LLaMA) 등의 대규모 언어 모델은 방대한 언어 데이터로부터 수십억에서 수조 개의 토큰(token)을 학습한 것으로 알려져 있다. 이 모델들이 생성한 문장은 인간의 문장과 놀라울 만큼 닮았다. 오직 인간만이 언어를 구사할 수 있다고 믿어 왔던 내게 이러한 언어 모델의 등장은 충격이었다.

그런데 AI가 언어를 정말로 '이해'하고 구사한다고 볼 수 있을까? 여기에 대한 오랜 논증이 있다. 철학자 존 설(John Searle)은 '중국어 방' 논증을 통해 겉으로는 언어를 구사하는 듯 보여도 이것이 진정한 이해를 동반한 것은 아닐 수 있다는 점을 지적했다. 중국어를 전혀 모르는 사람이 방 안에 갇혀, 중국어로 된 질문과 그에 맞는 답변이 적힌 매뉴얼만 가지고 있다고 상상해 보자. 밖에서 누군가 중국어 질문이 적힌 쪽지를 넣으면, 방 안의 사람은 매뉴얼에서 해당 질문을 찾아 그에 맞는 답변을 베껴서 밖으로 내보낸다. 방 밖의 사람은 안에서 중국어를 유창하게 구사하는 누군가가 있다고 믿겠지만, 실제로는 아무런 의미 이해 없이 기계적인 기호 조작만 일어났을 뿐이라는 것이다.

하지만 설의 논증이 발표된 지 40여 년이 흐른 지금의 AI는, 주어진 규칙만으로는 생성하기 어려운 응답을 생성해 낸다. 언어심리학자 스티븐 피안타도시(Steven T. Piantadosi)는 2024년 연구 "촘스키에 대한 현대 언어 모델의 반박(Modern language models refute Chomsky's approach to language)"에서 챗지피티의 창의적 언어 사용 능력을 시험하기 위해 '개미가 항공모함을 침몰시키는 방법을 설명하는 짧은 이야기'를 써 달라고 요청했다. 그 결과, 챗지피티는 전에 존재하지 않던 독창적인 이야기를 생성해 냈다. 이는 미리 주어진 질문과 정답 쌍을 기계적으로 연결하여 만들어 낼 수 없는 응답이다.

AI의 발전은 여기서 그치지 않았다. 최근 챗봇들은 응답을 도출하는 과정을 실시간으로 보여 주며 마치 인간처럼 생각하는 듯한 모습마저 보인다. 컴퓨터 과학계의 대부 제프리 힌턴(Geoffrey Hinton)은 거대 인공지능의 학습 연산량이 특정 임계점을 넘어가는 순간, 이전에는 없던 새로운 능력들이 나타난다고 말한다. 그중 대표적인 것이 바로 '연쇄적 사고(Chain of Thought)' 능력이다. 마치 어린아이가 언어를 통해 세상의 개념을 배우고, 개념들을 연결하며 사고를 확장해 가는 것처럼, AI가 충분한 수준의 언어 데이터를 학습하게 되자 세상의 개념을 획득하게 되었고 이를 연결해 사고하는 능력을 획득하는 데에까지 나아가고 있음을 보여 준다.

하지만 여전히 근본적인 질문은 남는다. 과연 AI가 세상의 개념을 '진정'으로 이해할 수 있을까? 철학자 프랭크 잭슨(Frank Jackson)은 색을 볼 수 없는 흑백의 방 안에서만 색의 모든 정보를 공부한 과학자가 어느 날 실제로 파란색을 보게 된다면 그때야 비로소 새로운 지식을 얻게 된다고 말했다. 즉, 경험하지 않으면 알 수 없는 지식, 퀄리아(qualia)가 있다는 주장이다. 따라서 그의 주장에 따르면 실제 '파랑'을 보지 못한, 실제 '바다'를 보지 못한 AI는 파랑과 바다라는 개념을 진정으로 이해할 수 없다.

그런데 이제 기술은 이 '경험의 부재'라는 한계마저 넘어서려 한다. 최근 서비스되고 있는 대부분의 AI 챗봇들은 텍스트뿐 아니라 이미지와 음성까지 인식할 수 있는 멀티모달(multi-modal) 모델로 발전했다. 여기에 로봇 기술이 결합되면 AI는 직접 바다에 가서 파란 바닷물을 보며 실제의 바다와 실제의 파랑의 개념을 이해하게 될 것이다. xAI의 창립자 일론 머스크(Elon Musk)가 AI의 종착지를 물리적 신체를 가진 AI라고 언급한 것도 이러한 맥락에서다.

AI는 지금 이 순간에도 진화하고 있는 중이다. 제프리 힌턴은 "우리는 우리보다 더 똑똑한 무언가가 존재할 때 세상이 어떻게 될지 경험해 본 적이 없다"라고 말했다. 이제 우리는 질문해야 한다. 이 지적인 타자(他者)와 함께하는 시대, 우리의 교육은 어떻게 달라져야 할 것인가?

AI와 교육 패러다임의 변화

AI 기술이 날마다 눈부시게 발전하는 동안, 교육계는 어떻게 대응하고 있을까? 한편에서는 AI가 교사의 일자리를 대체하고, 과제에 부정하게 활용될 수 있으며, 편향된 정보로 학생에게 악영향을 줄 수 있다는 우려를 제기한다. 하지만 이러한 우려 속에서도 우리 교육 현장은 이미 AI의 적극적 수용 쪽으로 방향을 잡은 것 같다.

2023년, 교육부는 '디지털 교육 대전환'을 선언하고, AI 기반 디지털 교과서 개발과 에듀테크 전문 교사 양성 사업 등을 국가 차원에서 추진하고 있다. 시도교육청과 대학들 역시 AI 활용 가이드라인을 마련하며 제도적 기반을 다지고 있다.

이제 교육계에서는 AI를 단순한 기술 도구로 수용하는 수준을 넘어, 교육의 패러다임 자체가 근본적으로 전환될 것이라는 전망으로 나아가고 있다. 성태제 외(2024)는 인공지능이 기존의 교육 틀 안에서 단순히 편리한 보조 수단으로 들어오는 것이 아니라, 교육 자체의 방식과 구조를 근본적으로 바꿔 놓을 수 있다고 말한다.

그러나 교육 패러다임 전환의 진짜 동력은 AI 기술 자체보다는 AI에 익숙한 '새로운 세대'의 등장에 있다. 미래학자 마크 매크린들(Mark McCrindle)이 '알파 세대'라고 명명한 2010년 이후 출생자들은 디지털 환경에 익숙하며 다양성과 웰빙을 중시하는 특성을 보인다. 기술의 발전이 새로운 특성을 지닌 학습자를 길러 냈고, 바로 그 학습자들이 다시 교육의 근본적인 변화를 요구하는 거대한 순환이 시작된 것이다.

하지만 지금의 교육 담론은 패러다임의 변화를 논하기보다는 여전히 기존 교육의 틀 안에서 AI가 어떤 역할을 할 수 있는지를 고민하는 데 머무르는 경향이 있다. 예컨대 AI 기술의 강점으로 제시하고 있는 '개인화 학습'은 기존의 문제 풀이식 교육 안에서 학습자의 수준에 맞는 문제를 효율적으로 제공하는 방식으로 설명되곤 한다. 이에 교육학자 융 자오(Yong Zhao) 교수는 AI를 기존 교육을 최적화하는 데 쓸 것이 아니라 완전히 다른 방식을 교육을 상상하는 전환의 계기로 삼아야 한다고 경고한다. AI는 모든 학생을 동일한 성취 목표에 효과적으로 도달시키는 기술이 아니라, 학습자 개개인이 자신만의 목표를 향해 주도적으로 배움을 설계하도록 돕는 기술이어야 한다는 것이다. 이는 디지털 환경에 익숙하고 다양성을 존중하는 알파 세대의 특성과도 정확히 부합하는 방향이다.

AI라는 새로운 기술을 지렛대 삼아 새로운 세대를 위

한 교육 패러다임으로 어떻게 도약할 것인지 논의해야 할 전환점에 서 있다.

문법 교육은 어디쯤 와 있나?

그렇다면 이 거대한 변화의 흐름 속에서 문법 교육 분야는 AI의 등장을 어떻게 받아들이고 있을까? 안타깝게도, 다른 분야에 비해 그 반응은 상대적으로 조용하다. 챗지피티가 등장한 지 3년 가까운 시간이 흘렀지만, 모국어 화자를 대상으로 한 문법 교육 분야의 AI 관련 국내 연구는 손에 꼽을 정도로 적다. 수학이나 영어 교과는 물론, 같은 국어 교과 내에서도 쓰기나 문학 교육 분야에서는 이미 AI 도입에 대한 논의가 활발한 것과 비교하면 더욱 두드러지는 침묵이다.

왜일까? 크게 세 가지 이유를 추측해 볼 수 있다. 첫째, 아직 AI가 문법 교육에서 어떤 역할을 할 수 있을지 뚜렷한 그림이 그려지지 않기 때문일 수 있다. 둘째, 한국어 문법에 대한 AI의 불완전한 성능으로 인해 교육 현장에서 활용하기엔 시기상조라는 판단 때문일 수도 있다. 셋째, AI가 문법 규칙을 명시적으로 학습하는 것이 아니라 데이터의 패턴으로 언어를 구사한다는 점, 즉 그간 문법 교육이 다루어 온 방식과는 너무나도 이질적인 존재라는 점에서 오는 당혹감 때문일 수도 있다.

이유가 무엇이든, 문법 교육은 AI에 대한 논의에서 한 발 비켜서 있는 것처럼 보인다. 하지만 AI 기술은 지금도 무섭게 진화하고, 학습자의 특성은 급격히 달라지고 있으며, 교육의 패러다임 또한 전환점을 맞이하고 있다. 이 격동 속에서 문법 교육만이 과거의 방식 그대로 머물 수는 없다. 오히려 문법 교육은 언어의 원리를 가장 깊이 탐구하는 교과로서, AI 시대를 맞아 그 역할과 가치를 창의적으로 재정의할 수 있는 가장 큰 잠재력을 지녔다. 이제는 문법 교육과 AI의 결합 방식에 대한 본질적인 고민이 필요한 시점이다.

참고문헌

교육부(2023.6.7). "인공지능(AI) 디지털교과서로 1:1 맞춤 교육시대 연다".

김지현(2024.6.5). 휴머노이드 혁명: 로봇공학의 발전. 삼성SDS. https://www.samsungsds.com/kr/insights/humanoid-robots.html

성태제 외(2024). "생성형 AI 시대, 교육의 변화와 교육평가의 향방". 《교육평가연구》, 37(1), 1~28쪽.

Jackson, F. C.(1982). Epiphenomenal Qualia. *The Philosophical Quarterly, 32*(127), pp.127~136.

Piantadosi, S. T.(2024). Modern language models refute Chomsky's approach to language. In Gibson, E. & Poliak,

M.(eds.). *From Fieldwork to Linguistic Theory: A Tribute to Dan Everett (Empirically Oriented Theoretical Morphology and Syntax 15)*, pp.353~414. Language Science Press.

Rijo, L.(2025.4.27). 'AI pioneer warns of superintelligence takeover within next two decades'. PPC Land. https://ppc.land/ai-pioneer-warns-of-superintelligence-takeover-within-next-two-decades/

Searle, J. R.(1980). Minds, Brains and Programs. *Behavioral and Brain Sciences, 3*(3), pp.417~457.

Zhao, Y.(2024). Artificial intelligence and education: End the grammar of schooling. *SAGE Open, 8*(1).

02
칸미고와 AI 디지털 교과서

문법 교육에서 AI를 이야기하기에 앞서, 주목할 만한 두 사례를 먼저 살펴보자. 국내의 'AI 디지털 교과서'와 국외의 '칸미고'다. 이 두 사례는 AI의 교육적 역할에 대한 서로 다른 관점을 보여 주며, 우리가 문법 교육에서 어떤 관점을 취해야 할지 중요한 시사점을 제공한다.

AI와 MBTI?

AI 디지털 교과서: 관리형 AI

2023년, 대한민국 교육부는 AI 디지털 교과서 개발 계획을 발표했다. 공교육 현장에 생성형 AI 기술을 본격적으로 도입하겠다는 방향이었다.

물론 디지털 기기를 활용한 교과서는 이전에도 존재했다. 그러나 이번 정책은 단순히 종이 교과서의 내용을 디지털 화면으로 옮기는 것을 넘어, AI가 학습자의 수준과 이력을 분석하고, 질문에 실시간으로 응답하는 기능을 적용하는 등 AI 기술과 교과서를 융합하려는 본격적인 시도를 담고 있다. AI 디지털 교과서는 2025년부터 정보, 수학, 영어 과목을 시작으로 시범 도입되었으며, 향후 전 과목으로 확대될 예정이다.

AI 디지털 교과서의 핵심 기능 중 하나는 'AI 튜터'다. 한국교육학술정보원(KERIS)에서 발간한 《디지털 교과서 개발 가이드라인》에 따르면 AI 튜터는 학생의 학습 상태를 분석하여 약점을 진단하고 보완 전략을 제시하며, 학생의 질문에 실시간으로 응답하는 역할을 수행한다. 이는 학생 지도에 대한 교사의 부담을 덜고, 학생에게는 개별 맞춤형 학습 기회를 제공한다는 점에서 교육의 효율성을 높여 준다. 학생의 학습 전반을 AI가 관리하고 최적화하는 역할을 한다는 점에서 이러한 AI를 '관리형 AI'라고 부를 수 있다.

그러나 관리형 AI에 대해서는 비판적 시선도 존재한다. 권정민 · 이영선(2023)의 연구에서는 이와 같은 방식이 학습자 중심이 아닌 공급자 중심의 교육에서 AI를 도입한 것이라 지적했다. AI가 학습자의 부족한 부분을 진단하고 필요한 처방을 제시한다는 것인데, 이는 학습자가 메타인지를 통해 계발시켜야 할 역량을 AI가 대신하는 셈이며, 이는 현재 교육 시스템의 부정적인 측면을 오히려 강화할 수 있기 때문이다.

AI가 인간의 사고를 대신하는 것과 관련해서, 김종규(2023)는 AI 의존도가 높아질 경우 인간의 사고력 자체가 위협받을 수 있음을 경고했다. 그는 AI는 어디까지나 도구일 뿐, 사고의 주체는 언제나 인간이어야 한다고 강조한다. 그러면서 교육은 생성형 인공지능의 섣부른 도입에 앞서, 생각하는 능력의 지속과 발전에 먼저 힘써야 한다고 덧붙였다.

실제로 AI 디지털 교과서처럼 학습 결손을 진단하고 빠르게 교정하는 시스템은, AI를 단순히 지식을 효율적으로 보충하는 수단으로만 사용되게 할 가능성이 있다. 그 결과 교육이 학생 스스로가 문제를 발견하고 해결하는 창의적인 탐구 학습보다는 정답 맞히기 중심의 학습으로 흐르게 될 우려가 크다. 비록 AI 디지털 교과서가 기존 교과서에 비해 진일보한 시스템일 수는 있으나, 기저에 놓인 교육 철학이 학습자를 '지식의 소비자'로 전제하는 기존 교육 체계를 그대로 반영하고 있다면 그 진보의 방향성에 의문을 던져야 한다.

물론 AI 디지털 교과서는 공교육의 디지털화를 견인하는 중요한 시도다. 그러나 이 중요한 걸음을 내딛기에 앞서, 우리는 근본적인 질문에 먼저 답해야 한다. AI를 단순히 기존 교육의 틀에 맞춰 효율을 높이는 '관리 도구'로 쓸 것인가, 아니면 교육의 패러다임 자체를 전환하는 '다른 무엇'이 되게 할 것인가? 이 선택에 대한 깊이 있는 논의가 필요하다.

칸미고: 소크라테스형 AI

'관리형 AI'가 학습자를 약점을 파악하고 최적의 경로로 학습을 설계해 주는 효율 중심의 시스템이라면, 이와는 달리 AI를 질문하는 존재로 설계한 시스템도 있다. 이 방식의 대표적인 사례로 오픈에이아이(OpenAI)와 칸아카데미(Khan academy)가 공동 개발한 AI 튜터, 칸미고(Khanmigo)를 들 수 있다.

내가 칸미고를 처음 알게 된 것은 2023년 챗지피티-

4o(ChatGPT-4o)가 출시되던 시점, 한 편의 유튜브 영상 덕분이었다. 영상에서는 칸아카데미의 창립자 살만 칸(Salman Khan)이 자신의 아들과 함께 수학 문제를 풀고 있었다. 칸은 챗지피티에게 음성으로 이렇게 요청했다. "정답은 절대 알려 주지 말고, 내 아들이 스스로 이 수학 문제를 풀 수 있게 도와주세요." 이 요청에 챗지피티는 정답을 알려 주는 대신 단계별 유도 질문을 던졌고, 덕분에 아들은 스스로 문제를 해결해 나갔다. 이 영상을 보고 나는 깜짝 놀라 인터넷을 검색하였고, 칸아카데미와 오픈에이아이가 협력하여 교육용 챗봇 칸미고를 개발했다는 사실을 알게 되었다.

내가 순식간에 칸미고에 매료된 것은 어쩌면 당연한 것이었는지도 모른다. 사실 나는 칸아카데미의 오랜 팬이기 때문이다. 2015년 즈음, 나는 자바스크립트를 배우고 싶어 인터넷 강좌를 찾아보던 중 우연히 칸아카데미를 접하게 되었다. 10분 이내의 짧고 간결한 동영상 강의, 실습 문제, 그리고 온라인 수업임에도 피드백과 동료 평가가 가능한 칸아카데미의 교육 시스템은 당시 나에게는 신선한 충격이었다. 처음으로 '온라인 수업이 오프라인을 능가할 수도 있겠구나' 하는 생각이 들었던 순간이었다. 이러한 칸아카데미의 교육 철학과 도전 정신은 칸미고에서도 고스란히 이어지고 있었다.

칸미고는 단순히 학습자의 질문에 응답만 하는 AI 튜터가 아니다. 이 챗봇은 학습자에게 정답을 알려 주기보다는, 오히려 질문을 던지고 깊은 사고를 유도하며 대화를 통해 학습자가 개념을 스스로 탐색할 수 있도록 돕게 설계되었다.

살만 칸은 저서 《나는 AI와 공부한다》에서 "AI가 기존 방식에서 벗어나 유능한 교사가 하듯이 학생들에게 먼저 질문을 던지도록 만들어야 했다.", "AI가 소크라테스 문답법을 기반으로 유도 질문을 던지면서 정답을 바로 알려 주지 않는 방식으로 학생들의 참여를 독려할 수 있다"라고 말하며 학생의 사고를 이끌어 내고자 한 칸미고의 개발 방향을 강조했다. 살만 칸은 AI를 교육에서 받아들이는 방법으로 응답하는 존재가 아닌 질문하는 존재로서의 역할을 부여한 것이다. 이러한 AI를 '소크라테스형 AI'라 부를 수 있다.

물론 칸미고가 한국 공교육 현장에서 어느 정도의 효과를 거둘 수 있는지에 대한 검증은 이루어지지 않았다. 아직까지 공식 서비스가 한국에는 제공되지 않기 때문이다. 그러나 그 설계 철학만으로도 우리 교육이 AI에게 어떤 역할을 부여해야 하는지에 대한 핵심적인 질문을 던진다. 관리하게 할 것인가, 아니면 질문하게 할 것인가? 대신해 줄 것인가, 아니면 스스로 하게 만들 것인가?

문법 교육에서 필요한 AI

앞서 살펴본 '관리형 AI'와 '소크라테스형 AI'라는 두 갈래의 길 앞에서, 문법 교육은 어떤 방향을 선택해야 할까?

문법은 흔히 형식화된 규칙이나 지식의 체계로 이해되곤 한다. 그러나 문법 교육의 본질은 정해진 규칙의 암기가 아니라, 언어가 작동하는 원리를 탐구하며 인간의 사고방식을 들여다보는 '과정' 그 자체에 있다. 그렇기에 문법 교육은 정답을 전달하는 데 그쳐서는 안 되며, 학생 스스로 질문을 만들고 그 질문을 통해 언어의 원리를 깊이 있게 탐구하도록 이끌어야 한다.

이러한 본질을 고려할 때, 문법 교육에서는 학습자를 진단하고 수준에 맞는 문제를 제공하거나, 지식을 신속하게 알려 주는 관리형 AI는 충분하지 않다. 이보다는 학생에게 끊임없이 '왜?'라는 질문을 던지며 호기심을 자극하고, 적절한 수준의 질문을 통해 학생이 스스로 질문에 대한 답을 찾아가게 만드는 소크라테스형 AI가 더 필요하다.

예를 들어, 문장의 구성 성분을 잘 암기하고 있는지에 대한 문제를 던져 주기보다는 "왜 어떤 문장은 어색하게 느껴질까?", "왜 같은 장면을 보고 사람마다 다른 문장을 만들어 낼까?", "왜 사람들은 다른 순서로 단어들을 나열할까?"와 같은 질문을 던져 학생들을 사고하게 만드는 AI가 문법 교육의 본질에 더 부합한다.

결국 문법 교육에서 AI를 도입하는 방향은 단순히 기술의 도입 여부를 넘어서, 어떤 철학과 관점을 바탕으로 AI에게 어떤 역할을 부여할 것인가에 대한 선택의 문제로 이어진다. 학생이 사고하고 탐구할 수 있도록 설계된 AI는, 문법 교육을 지식 중심에서 탐구 중심으로 전환하는 패러다임의 변화에 중요한 촉매가 될 수 있다. 우리가 문법을 가르치는 궁극적 목적이 학생의 문법적 사고력을 기르는 데 있다면, AI를 통해 열어야 할 길은 학습자가 문법을 편하고 효율적으로 학습하는 길이 아니라, 더 깊이 있게 사고하도록 만드는 길이여야 한다.

참고문헌

교육부(2023.6.7). "인공지능(AI) 디지털교과서로 1:1 맞춤 교육시대 연다".

권정민·이영선(2023). "ChatGPT 시대 인공지능교육정책의 문제점 고찰". 《인공지능인문학연구》, 13, 9~38쪽.

김종규(2023). “생성형 인공지능, 생각하는 존재(homo cogitans) 그리고 리터러시 교육의 방향”. 《사고와 표현》, 16(2), 7~31쪽.

한국교육학술정보원(2023). “AI 디지털교과서 개발 가이드라인(GM 2023-11)”. https://www.keris.or.kr/main/ad/pblcte/selectPblcteETCInfo.do?mi=1142&pblcteSeq=13722

Khan, S.(2023). *Brave New Words: How AI Will Revolutionize Education (and Why That's a Good Thing)*. 박세연 옮김(2024). 《나는 AI와 공부한다》. 알에이치코리아.

Khan Academy. Khanmigo. https://www.khanmigo.ai/

03
AI의 문법과 인간의 문법

인간은 내재된 문법 규칙에 따라 문장을 만드는 반면, AI는 방대한 데이터 속에서 다음 단어의 확률을 계산해 문장을 생성한다. 이처럼 작동 원리가 근본적으로 다른 AI가 인간에게 문법을 가르칠 수 있을까? 이 질문에 답하기 위해 인간과 AI의 문법을 비교하고, AI가 문법 교육에서 어떤 역할을 맡을 수 있을지 탐색해 보고자 한다.

AI와 난임 극복?

인간과는 다른 AI의 문법

AI가 언어를 구사한다고 해서 인간처럼 문법을 사용하거나 문법을 이해한다고 말할 수 있을까? 현대 언어학의 거두 노엄 촘스키(Noam Chomsky)는 단호히 "아니다"라고 답한다. 그는 2023년 《뉴욕타임스》 기고문 "챗지피티의 거짓 약속(The False Promise of ChatGPT)"에서 인간 언어의 본질과 거대 언어 모델의 한계를 명확히 구분 지었다.

촘스키에 따르면 인간의 언어는 단순한 표현이나 예측의 수단이 아니라 설명의 수단이다. 인간은 단어들을 조합해 사실을 전달하는 것을 넘어, 그 사실이 왜 그러한지를 설명할 수 있어야 한다. 예컨대, 인간은 "사과가 나무에서 떨어진다"라는 문장을 단순히 출력하는 것에 그치지 않고, 그것이 중력이라는 보편적 원리 때문에 일어나는 현상임을 설명할 수 있다. 그것이 바로 인간 언어의 설명 능력이다.

반면 챗지피티와 같은 AI는 방대한 텍스트 데이터를 기반으로 가장 '그럴듯한' 단어의 조합을 확률적으로 생성할 뿐, 그 문장이 담고 있는 물리적, 논리적 세계를 이해하고 설명하지 못한다. 단지 과거에 많이 등장했던 문장 패턴을 정교하게 흉내 내는 데 불과하다는 것이다.

이러한 촘스키의 관점은 그의 핵심 언어 이론인 보편 문법(Universal Grammar)에 뿌리를 두고 있다. 그는 인간이 생물학적으로 보편 문법을 내재하고 태어난다고 보았다. 보편 문법 덕분에 아이들은 불완전하고 제한된 언어 입력만으로도 풍부한 문장을 생성할 수 있다고 주장한다. 반면 AI는 수천억 개의 단어 데이터와 지속적인 피드백 학습 없이는 유의미한 문장을 생성하지 못한다.

이와 유사한 주장을 한 다른 학자들도 있다. 에밀리 벤더(Emily Bender)와 동료들은 2021년의 논문 "확률적 앵무새에 대한 위험성(On the Dangers of Stochastic Parrots)"에서 AI를 확률적으로 말하는 앵무새에 비유했다. AI는 앵무새처럼 인간 언어를 겉으로만 모방할 뿐, 의미나 문법의 내면 구조를 진정으로 이해한 것은 아니라는 주장이다. 그들의 주장에 따르면 인간은 맥락과 윤리, 사회적 판단을 통해 언어를 '조절'하지만, AI는 그저 데이터를 '재조합'할 뿐이다.

또한 인간과 AI는 언어를 배우는 환경 자체가 다르다. 인간은 보고, 듣고, 느끼는 다감각적 환경에서 언어를 습득한다. 반면 AI는 텍스트라는 단일 데이터의 선형적인 나열만을 바탕으로 학습한다. 따라서 인간과 AI가 동일한 문장을 말한다고 해도, 그 문장을 구성하는 사고의 기반은 매우 다르다. 예를 들어 인간이 "걸어간다"라고 말할 때, 그 단어 뒤에는 실제 걸음의 이미지, 발소리, 저벅거리거나 또각거리는 땅의 질감 등이 총체적으로 연결되어 있다. 그러나 AI에게 "걸어간다"는 단어는 다른 단어들과의 관계 속에서 등장할 확률이 높은 기호일 뿐, 이러한 감각적 경험을 동반하지 않는다.

이 관점들을 종합하면, AI의 언어는 외형만 인간과 닮았을 뿐 본질은 완전히 다르다는 주장이 가능하다. 따라서 인간 고유의 문법 체계를 가르치는 교육 영역에서, 근본적으로 다른 방식으로 언어를 구사하는 AI에게 학생을 가르치는 역할을 온전히 맡기는 것은 성립하기 어려운 과제일지도 모른다.

어쩌면 인간과 다르지 않은 AI의 문법

물론 촘스키의 주장에 정면으로 반박하는 입장도 있다. 언어학자 스티븐 피안타도시(Steven Piantadosi)는 오히려 현대의 대형 언어 모델들이 촘스키의 언어 이론에 도전장을 내밀고 있다고 반박한다. 그는 2024년 발표한 논문 "현대 언어 모델은 촘스키의 언어 이론에 반박한다(Modern language models refute Chomsky's approach to language)"에서 다양한 실험적 사례를 들어 AI가 단순한 확률적 앵무새가 아님을 역설했다.

피안타도시에 따르면, AI가 단순히 인간 언어를 표면적으로 흉내 내는 것을 넘어, 실제로 언어의 구조와 규칙성을 학습하고 일반화하는 능력을 가지고 있는 것처럼 보인다.

그는 GPT-3.5에게 "(a) John promised Mary to leave(존은 메리에게 떠나겠다고 약속했다)"와 "(b) John persuaded Mary to leave(존은 메리에게 떠나라고 설득했다)"의 문법적 차이를 물었다. 이에 GPT-3.5는 (a) 문장에서 '떠나는(to leave)' 주체는 'John' 자신이지만, (b) 문장에서 '떠나는' 주체는 'Mary'라고 정확히 분석했다. 또한 'promised'는 주어가 할 행동을 약속하는 동사이고, 'persuaded'는 목적어가 할 행동을 설득하는 동사이기 때문에 두 문장의 통사 구조가 다르다는 문법적 '설명'까지 시도했다. 이는 AI가 확률적 생성을 넘어 구조적 차이를 이해함을 보여 주는 강력한 사례다.

또한 피안타도시는 AI가 문법적 감각을 지녔을 가능성도 제시한다. 그가 GPT-3.5에게 촘스키가 제시했던 유명한 예문인 "Colorless green ideas sleep furiously(무색의 녹색 생각들이 맹렬하게 잠을 잔다)"를 보여 주자, AI는 이 문장이 문법적으로는 맞지만 의미가 이상하다고 답했다. 반면 "Green sleep furiously colorless ideas(녹색 잠자다 맹렬하게 무색의 생각들)"를 제시했을 때는 문법적으로 어색하다고 지적했다. 이는 촘스키의 주장과는 달리, AI가 의미의 유무와는 별개로 문장의 '문법성'을 판단하는 능력을 내면화하고 있음을 시사한다.

관련하여 줄리 칼리니(Julie Kallini)와 동료들도 2024년 논문 "불가능한 임무에 도전하는 언어 모델(Mission: Impossible Language Models)"에서 유사한 주장을 펼쳤다. 연구진이 AI에게 의도적으로 문법에 맞지 않는 문장들만 학습시킨 결과, 정상적인 문장을 학습할 때보다 효율이 현저히 떨어진 것이다. 이는 AI가 단순한 확률적 패턴 암기를 넘어, 인간처럼 '문법적인 문장'에 더 민감하게 반응하고 효율적으로 학습하는 경향성이 있음을 보여 준다.

앞선 실험들은 중요한 사실을 시사한다. 생물학적 뇌나 선천적 '보편 문법' 없이, 오직 방대한 데이터 학습만으로도 AI가 문법 구조를 분석하고 문법성을 판단하는 '문법 감각'을 터득할 수 있다는 점이다.

이는 촘스키 언어학의 가장 핵심적인 가정을 뒤흔든다. 인간 고유의 능력이라 여겼던 문법적 직관이, 타고

난 능력 없이 후천적 학습만으로도 구현될 수 있음을 보여 주기 때문이다.

이러한 주장을 종합해 보면, 우리는 어쩌면 인간의 언어 능력 자체를 다시 생각해야 할지도 모른다. "인간은 규칙 기반으로 언어를 사용한다"는 정설 대신, "인간 역시 AI처럼 방대한 사용 경험에 기반한 확률로 문법을 체득하는 건 아닐까?"라는 새로운 가설이 힘을 얻기 때문이다. 결국 AI는 인간 언어의 본질을 다시 묻고 있다.

AI는 문법을 탐구하는 새로운 도구

AI의 문법 능력은 인간의 그것과 동일한가? 앞서 살펴보았듯, 현재로서는 이 질문에 대한 정답은 없다. 인간의 언어 능력 자체가 무엇인지에 대한 탐구가 여전히 진행 중인 과제이기 때문이다. 이처럼 정답이 유보된 상황에서, 오히려 문법 교육은 중요한 가능성 하나를 발견할 수 있다. 바로 AI를 문법 탐구의 도구로 활용하는 길이다.

앞서 소개한 피안타도시의 연구는 이 가능성을 명확히 보여 준다. 그는 AI가 기존에 없던 창의적인 언어를 생성할 수 있는지, 즉 단순한 '확률적 앵무새'가 아님을 증명하기 위해 "개미가 항공모함을 가라앉힐 수 있는 방법에 대한 짧은 이야기를 써 보라"는 프롬프트를 챗지피티에 입력했다. 그 결과 챗지피티가 기존에 존재하지 않던 독창적인 이야기를 생성할 수 있음을 보였고, 이를 통해 AI가 문법 가설을 검증하는 실험 도구가 될 수 있음을 증명한 것이다.

이러한 접근은 문법 교육에 중요한 시사점을 준다. 문법은 과학처럼 실물을 조작할 수 없고, 언어라는 추상적 대상을 탐구해야 한다. '통사 구조', '절' 등의 개념은 눈에 보이지 않으며, 문법의 작동 원리를 과학 실험처럼 관찰하기도 어렵다. 이 때문에 특히 어린 학생들에게 문법은 탐구하기에 너무 높은 진입 장벽을 가진 과목이었다.

그러나 AI가 문법 가설을 실험하는 도구가 된다면 어떨까? 피안타도시가 한 것처럼, 학생들이 직접 언어학자가 되어 자신의 생각을 입증할 프롬프트를 만들고 AI의 응답을 통해 가설을 검증하는 활동이 가능해진다. AI 챗봇이 그 자체로 학생들 각자의 '디지털 문법 실험실'이 되어 주는 셈이다.

박종후(2024)는 "AI는 이론 언어학을 위협하는 경쟁자가 아니라, 새로운 연구 도구가 되어야 한다"라고 말한다. 또한 그는 AI가 대량의 데이터를 학습하여 인간 언어의 규칙성을 발견한다면, 이는 인간 언어 습득 메커니즘에 대한 중요한 통찰을 제공할 것이라고 했다. 언어학자에게 AI가 새로운 연구 환경이 되듯, 학생들에게 AI는 안전하고 흥미로운 '탐구의 장'이 될 수 있다는 의미다.

결국 문법 교육에서 AI의 가치는 기술 그 자체에 있지 않다. 그 기능을 어떻게 해석하고 교육적으로 설계하느냐에 따라, AI는 학생의 문법 탐구를 돕는 실험실이자 관찰 도구가 될 수 있다. 문법이 단지 정답을 암기하는 과목이 아니라 언어를 통해 세계를 탐구하는 과목이라면, AI는 문법 교육을 '탐구' 중심으로 전환하는 데 가장 강력한 도구가 될 것이다.

참고문헌

박종후(2024). "AI 시대 이론언어학 살아남기". 《한국사전학》, 44, 269~283쪽.

Bender, E. M. et al.(2021). On the dangers of stochastic parrots: Can language models be too big?. *Proceedings of the 2021 ACM Conference on Fairness, Accountability, and Transparency(FAccT '21)*, pp.610~623. https://doi.org/10.1145/3442188.3445922

Chomsky, N. et al.(2023.3.8). The false promise of ChatGPT. The New York Times. https://www.nytimes.com/2023/03/08/opinion/noam-chomsky-chatgpt-ai.html

Kallini, J. et al.(2024). Mission: Impossible language models. *Proceedings of the 62nd Annual Meeting of the Association*

for Computational Linguistics (Volume 1: Long Papers), pp.14691~14714.
https://doi.org/10.18653/v1/2024.acl-long.787

Piantadosi, S. T.(2024). Modern language models refute Chomsky's approach to language. In Gibson, E. & Poliak, M.(eds.). *From fieldwork to linguistic theory: A tribute to Dan Everett*, pp.353~414. Language Science Press.

04
문법이 서툰 AI 문법 교사

튜터는 가르치는 대상에 대해 학습자보다 뛰어난 전문성을 가져야 한다. 하지만 AI가 인간보다 더 정확한 문법을 구사한다고 단언하기는 어렵다. 바로 이 지점에서 흥미로운 질문이 시작된다. 문법적으로 완벽하지 않은 존재가, 어떻게 문법 튜터로서 의미 있는 역할을 해낼 수 있을까? 그 가능성을 탐색해 보고자 한다.

AI와 사주?

문법이 서툰 AI

AI는 문법 튜터가 되기에 충분한 전문성을 갖추었을까? 여러 선행 연구는 아직 그렇지 않다고 답한다. 문법적 정확성과 자연스러운 문장 생성 능력 면에서 AI가 인간의 수준에 미치지 못한다는 것이다.

알렉스 라인하르트(Alex Reinhart)와 동료들은 2024년의 연구 "LLM은 인간처럼 글을 쓸까: 문법적, 수사적 문체의 변이(Do LLMs write like humans: Variation in grammatical and rhetorical styles)"에서는 대규모 언어 모델이 생성하는 문장이 아직 인간의 문장만큼 자연스럽지 않음을 정량적으로 보여 주었다.

이 연구에서 흥미로운 점은, 단순히 모델의 크기를 키운다고 해서 문장의 자연스러움이 나아지지도 않았다는 것이다. 예를 들어, 더 큰 모델인 라마3(Llama3) 70B가 작은 모델인 8B보다 특정 문법 패턴을 오히려 과도하게 사용하는 경향이 발견되었고, GPT-4o 역시 더 작은 모델보다 확연히 자연스러운 문장을 생성한다는 증거는 나타나지 않았다. 이러한 결과는 단순히 데이터의 양을 늘리는 것만으로는 인간과 같은 자연스러운 문체를 얻기 어려움을 시사한다.

특히 한국어의 경우, AI의 문법적 성능은 영어에 비해 상대적으로 더 부족하다. 남길임 외(2024)의 연구에서는 클로바엑스(ClovaX), 챗지피티(ChatGPT), 바드(Bard) 등 여러 AI 모델의 한국어 문법 판단 능력을 시험한 결과, 국내에서 개발된 클로바엑스가 그나마 나은 성능을 보였다. 하지만 그마저도 "그 아이는 숙제를 하지 말고 잠을 잤다"와 같은 비문을 문법적으로 적절하다고 판단하는 등, 인간 수준의 정확성에는 미치지 못했다.

하지만 이와 대조적으로, 특정 조건에서는 AI의 문법 판단 능력이 인간을 능가할 수 있다는 연구 결과도 존재한다. 제니퍼 후(Jennifer Hu)와 동료들은 2024년 연구, "언어 모델은 핵심 문법 구조에 대한 인간의 판단과 일치한다(Language models align with human judgments on key grammatical constructions)"가 대표적이다. 연구진은 동일한 어휘들을 재료로 문법적인 문장과 비문법적인 문장을 하나씩 만들고, 이 두 문장을 AI와 인간 평가자에게 동시에 제시한 후 문법성을 판단하게 하고 그 결과를 비교했다. 연구 결과, 지피티3.5터보(GPT-3.5 Turbo)와 지피티포(GPT-4)는 특정 문법 오류 유형에서 오히려 인간 평가자보다 더 높은 문법성 판단의 정확도를 보여 주었다.

하지만 비록 AI의 문법 능력이 특정 과제에서는 인간

을 넘어설 가능성을 보여 주었다고 해도, 아직 모든 맥락에서 신뢰할 만한 안정성을 갖추지는 못했음이 분명하다. 즉, AI는 여전히 문법적으로 서툰 구석이 있는 '불완전한 전문가'인 셈이다.

잘한다고 해서 잘 가르치는 것은 아니다

앞서 살펴보았듯, AI의 문법 능력은 아직 인간의 수준에 미치지 못하며 일관적이지도 않다. 그렇다면 문법적으로 서툰 AI에게 우리는 튜터의 역할을 기대할 수 없는 걸까?

이 질문에 답하려면, 먼저 우리가 튜터에게 기대하는 역할이 무엇인지부터 정의해야 한다. 만약 튜터의 역할을 단순히 비문을 찾아 수정해 주는 교정기로 한정한다면, AI는 아직 부족한 것이 사실이다. 그러나 내가 기대하는 교사의 역할이 그것이 아니다.

교육계에서 흔히 하는 말이 있다. "잘한다고 잘 가르치는 것은 아니다." 국가대표 수영 선수의 코치를 생각해 보자. 만약 코치가 선수보다 수영을 잘한다면 코치 자신이 국가대표가 되었을 것이다. 즉, 뛰어난 수영 실력은 좋은 코치가 되기 위한 필수 조건이 아니다. 훌륭한 코치의 필수 조건은 선수의 상태를 면밀히 파악하고, 적절한 설명과 피드백을 통해 선수가 스스로 성장하도록 돕고 연습을 지속할 수 있도록 지지해 주는 능력이다.

교육에서도 마찬가지다. 천은수(2009)는 교사란 단순히 지식을 많이 아는 존재가 아니라, 그것을 수업이라는 공공의 장에서 전달해야 할 책임을 지닌 존재라고 말한다. 이때 핵심은 '내용 지식(content knowledge)' 자체가 아니라, 그것을 학생의 눈높이에 맞게 재구성하는 능력이다. 이를 PCK(Pedagogical Content Knowledge), 즉 교수 내용 지식이라고 한다.

PCK 개념은 교육심리학자 슐만(Lee Shulman)이 처음 제안한 것으로, 가르치는 행위가 단순한 지식 전달이 아니라 학생에게 적합하도록 내용을 변형하고 구성하는 과정임을 강조한 개념이다. 프랑스의 교육학자 슈바야르(Yves Chevallard)도 이와 유사한 개념으로 '교수학적 변환(Didactic Transposition)'이라는 용어를 사용하며, 학문적 지식을 교육 가능한 형태로 바꾸는 과정의 중요성을 강조했다.

그렇다면 비록 AI가 인간만큼 완벽한 문법 능력을 갖추지 못했더라도, 문법 지식을 학생의 수준과 흥미에 맞게 재구성하는 PCK 생성 능력이 뛰어나다면 어떨까? 바로 이 지점에서 현재의 AI가 유능한 문법 튜터가 될 가능성이 열린다.

실제로 오픈에이아이(OpenAI)와 칸아카데미(Khan academy)가 공동으로 개발한 AI 튜터 칸미고(Khanmigo)는 PCK를 생성하는 데 굉장히 능한 모습을 보여준다. 칸미고의 공동 개발자 살만 칸(Salman Khan)은 저서 《나는 AI와 공부한다》에서 칸미고가 축구에 관심 있는 학생에게 수학의 다항식을 설명한 사례를 소개했다.

"자신이 축구 감독이라고 상상해 봐요. 선수들의 매주 훈련 시간과 팀의 득점 간의 상관관계를 모형으로 만든다고 해 봅시다." 칸미고는 같은 학생에게 역사 과목의 연방주의를 설명할 때에도 축구 리그에 빗대어 질문을 던졌다. "축구 리그를 상상해 봅시다. 리그를 운영하는 여러 방식에 대해 생각해 봐요. 축구팀들은 자율적인 방식으로 운영되고 있나요? 아니면 중앙 기관이 모든 축구팀을 관리하고 있나요?"

이러한 AI의 PCK 생성 능력은 문법 교육에서도 매우 유용하게 활용될 수 있다. 비록 AI가 인간처럼 문법을 내면화하지는 못했더라도, 입력된 문법 지식을 학생의 흥미와 수준을 고려하여 다양한 방식으로 각색할 수 있다면 훌륭한 문법 튜터의 역할을 기대해 볼 만하지 않은가?

AI 문법 튜터에 대한 기대

앞선 논의에서 우리는 AI가 인간처럼 문법을 정교하게 이해하지 못하며, 문법성 판단에도 여전히 한계를 보인다는 점을 살펴보았다. 그러나 문법을 잘 안다고 해서 반드시 잘 가르치는 것은 아니다. 중요한 것은 학습자에게 문법 지식을 어떻게 전달하고, 학습자의 사고를 어떻게 이끌어 내느냐는 것이다. 그렇기에 문법 튜터로서의 AI에게 우리가 기대할 수 있는 바는 '문법을 잘 구사하는 존재'가 아니라, '문법을 잘 가르칠 수 있는 존재'로서의 역량이다.

이러한 맥락에서 내가 AI 문법 튜터에게 기대하는 첫 번째 역량은 바로 PCK, 즉 교수 내용 지식을 생성하는 능력이다. 이는 단순히 문법 지식을 정확하게 알고 학생에게 그대로 전달하는 것이 아니라, 학습자의 흥미와 수준에 맞게 가공하고 재구성하여 설명할 수 있는 능력을 의미한다. AI가 학습자의 관심사나 배경지식에 따라 흥미로운 예시나 비유를 동원해 문법을 설명할 수 있다면, 이는 훌륭한 문법 튜터의 조건이 된다. 앞서 살펴본 칸미고의 사례처럼, AI가 축구나 게임 등 학생의 관심사를 활용해 문법 개념을 설명할 수 있다면, 그것만으로도 훌륭한 문법 튜터의 조건을 갖춘 셈이다.

두 번째 기대는 학생의 사고를 자극하고 깊이 있는 탐구로 이끄는 질문 능력이다. 블룸의 인지 영역 분류에 따르면, 인지는 기억 · 이해 · 적용의 하위 수준과 분석 · 평가 · 창조의 상위 수준으로 나뉜다. 일부에서는 AI가 하위 인지 수준을 담당하고 상위 인지는 인간 교사의 고유 영역이라고 구분하기도 한다. 그러나 나는 AI가 하위 수준에서만이 아니라 상위 수준의 인지 활동까지도 도울 수 있다고 본다.

칸미고가 앞서 학생에게 연방주의를 설명하기 위해 학생에게 축구팀의 운영 방식을 질문한 것처럼, AI는 학생의 사고 흐름에 맞춰 질문을 던지고, 학생의 관점을 재조정하며 보다 복합적인 문법적 사고로 유도할 수 있다. 이러한 과정은 학생의 사고의 흐름을 확장해 나가는 '교육적 대화'의 과정이다.

물론 이러한 역할을 수행하기 위해서는 AI가 일정 수준 이상의 문법적 지식은 갖추고 있어야 한다. 그러나 더 중요한 것은 우리의 관점이다. 우리는 AI에게 '문법을 잘하느냐'고 묻기 전에, 먼저 우리 자신에게 '좋은 문법 교육이란 무엇인가'를 물어야 한다. 그 답 속에 AI 문법 튜터의 진정한 역할과 미래가 있을 것이다.

참고문헌

남길임 외(2024). "생성형 AI의 문법적 능력에 대한 국어학적 연구-형태 통사적 특성을 중심으로". 《한말연구》, 65, 1~21쪽.

천은수(2009). "어느 역사 교사의 '가르치기 위한 지식' 연구-내용교수지식(PCK)과 교수학적 전환(DT), 그리고 실천지식". 《역사교육연구》, 10, 85~121쪽.

Hu, J. et al.(2024). Language models align with human judgments on key grammatical constructions. *Proceedings of the National Academy of Sciences, 121*(36), e2400917121. https://doi.org/10.1073/pnas.2400917121

Khan, S.(2023). *Brave New Words: How AI Will Revolutionize Education (and Why That's a Good Thing)*. 박세연 옮김(2024). 《나는 AI와 공부한다》. 알에이치코리아.

Reinhart, A., et al.(2024). Do LLMs write like humans? Variation in grammatical and rhetorical styles. Proceedings of the National Academy of Sciences, 122, e2422455122. https://arxiv.org/abs/2410.16107

05

챗GPT와 함께하는 문법 탐구

챗지피티와 직접 나눈 대화들을 통해, AI가 문법 튜터의 역할을 수행하는 구체적인 순간들을 포착하려 한다. 물론 현재의 AI는 완벽한 문법 튜터가 아니다. 그러나 이 서툴고도 놀라운 대화 속에서, 우리는 문법 교육의 미래를 바꿀 AI의 무한한 가능성을 함께 엿볼 수 있다.

AI와 아이돌?

아주 흥미로운 품사 설명

새로운 지식을 배운다는 건 쉬운 일이 아니다. 더욱이 그 지식이 나와는 아무런 관련도 없어 보이면 배우고자 하는 마음조차 생기지 않게 마련이다. "품사? 그걸 도대체 왜 배워야 하죠?"라는 말이 나오는 건 당연하다. 하지만 누군가가 나의 관심사에 맞춰, 내가 흥미를 느낄 만한 방식으로 품사를 설명해 준다면 어떨까? 내가 좋아하는 작가나, 내가 되고 싶은 인물의 언어로 설명해 준다면?

AI 튜터 칸미고(Khanmigo)의 공동 개발자인 살만 칸(Salman Khan)은, 학생들이 존경하는 인물이나 관심 분야를 통해 새로운 개념을 배울 때 진정한 학습 동기가 유발되며 저마다의 의미 있는 방식으로 개념을 터득할 수 있다고 말한다. 그렇다면 지금부터 챗지피티를 통해, AI가 실제 어떤 방식으로 문법 개념을 개인화해서 설명하는지 살펴보자.

작사가를 꿈꾸고 한강 작가를 존경하는 학생을 위하여, 나는 챗지피티에게 한강 작가의 스타일로 품사를 설명해 달라고 요청했다. 챗지피티는 다음과 같이 응답했다.

"단어는 말의 알갱이야. 하지만 그것은 단순한 조각이 아니라, 존재의 움직임이나 감정의 결을 품은 입자들이지. 어떤 단어는 존재한다는 느낌을 줘. '꽃', '그림자', '고요' 같은 단어들. 이건 명사야. 존재 자체를 가리켜. 어떤 단어는 존재의 움직임을 그려. '흘렀다', '울었다', '멈췄다'. 이건 동사지. 그런데 또 어떤 건 존재에 감각을 줘. '차갑다', '붉다', '깊다'. 말의 무늬, 언어의 온도 같은 것. 그건 형용사야. 품사란, 언어라는 강 속에서 각 단어가 어떤 흐름으로 존재하느냐를 말해 주는 이름이야."

어떤가? 물론 너무 심각한 환각(hallucination)이 발생한 부분은 응답을 일부 수정했지만, 문법 개념을 매우 감각적으로 설명하고 있음은 분명하다. 만약 문학을 좋아하는 학생에게는 훨씬 더 흥미로운 설명이지 않을까? 물론 정확한 지식 전달보다는 동기 유발의 관점에서 말이다.

이번에는 영화감독을 꿈꾸는 학생을 위하여, 품사를 봉준호 감독 스타일로 설명해 달라고 요청했다.

"단어요. 단어도 영화처럼 장면을 만들어요. 단어 하나하나가 등장인물이고, 소품이고, 카메라 앵글이에요. 예를 들어 '기택이 달렸다'라는 문장을 보면, '기택'은 명사예요. 배우의 이름이죠. 누가 움직이는지를 알려 주는 캐릭터의 중심. '달렸다'는 동사. 행동이죠. 연출의 핵심이에요. 이게 없으면 그 장면은 정지된 사진이에요. 동사가 있어야 이야기가 굴러갑니다. 그런데 '기택이 맹렬히 달렸다'라고 해 볼까요? '맹렬히'는 뭐냐면… 그 장면에 카메라 줌인과 음악을 집어넣는 거예요. 부사는 그런 거예요. 느낌, 속도, 강도를 바꾸는 연출 장치죠. '기택이 더러운 셔츠를 입고 달렸다'에서 '더러운'은? 그 셔츠에 삶의 질감, 빈곤의 분위기를 넣는 거예요. 형용사죠. 세트 디자이너가 만든 디테일 같아요. 품사는, 그런 겁니다. 단순히 단어를 분류하는 게 아니라, 단어들이 어떻게 장면을 만들고, 관객의 감정을 건드리는지 이해하는 방식이에요."

영화 연출에 관심이 많은 학생이 이 설명을 접한다면 품사에 대한 학습 동기가 생기지 않고는 못 배길 것이다. 이처럼 같은 품사 개념이라도 누구의 시선으로 보느냐에 따라 설명 방식이 완전히 달라지고, 배우고자 하는 동기도 달라진다. 문법이 단순한 지식의 나열이 아니라, 학습자의 삶과 연결된 살아 숨 쉬는 지식이 될 수 있음을 보여 준다.

이처럼 챗지피티는 학생의 관심사와 특성을 반영하여

문법 지식을 재구성하는, 즉 '교수 내용 지식(PCK)'을 생성하는 데 탁월한 능력을 보여 준다. 이는 단순한 정보 제공을 넘어, 학습자가 가장 잘 이해할 수 있는 방식으로 지식을 설계하는 교수 활동의 핵심이다. 한 사람 한 사람에게 꼭 맞는 맞춤형 문법 설명을 제공하는 것, 이것이야말로 문법 교육 현장에서 우리가 AI에게 기대해야 할 가장 중요한 역할 중 하나다.

'사피어-워프 가설'에 대한 대화

이번에는 AI의 또 따른 가능성을 확인해 보자. 문법을 공부하던 한 고등학생이 교과서에서 '사피어-워프 가설(Sapir-Whorf hypothesis)'이라는 용어와 처음 마주한다. 교과서의 설명은 간단했다. "언어가 사고를 결정한다는 가설". 학생은 고개를 갸우뚱거린다. "언어가 사고를 결정한다고? 그럼, 내가 친구한테 '너 진짜 싫어'라고 말하면 난 정말로 그 친구를 싫어하게 되는 건가?"

이는 내가 가정한 상황이다. 나는 이 학생의 입장이 되어 챗지피티에게 질문해 보았다. "사피어-워프 가설이 잘 이해가 안 돼요. 생각과 다르게 말할 수도 있는데, 어떻게 언어가 사고를 결정한다는 거죠?" 다소 엉뚱할 수도 있는 이 질문에 챗지피티는 나의 이해 부족을 지적하거나 딱딱한 설명을 일방적으로 늘어놓지 않았다. 대신 "좋은 질문이에요"라고 응답하며 내가 가진 의문을 인정하고 수용해 주었다. 이는 호건과 프레슬리(Hogan & Pressley, 1997)가 제시한 비계 설정(scaffolding) 전략 중 '학습자의 질문을 북돋는 전략'에 해당한다. 그러고 나서 챗지피티는 사피어-워프 가설에도 강한 주장과 약한 주장이 있다며, 내가 혼란을 느끼는 지점을 정확히 짚어 냈다.

풍부한 예시도 뒤따랐다. 영어에는 '정(情)'에 딱 맞는 단어가 없어 영어권 화자들이 그 미묘한 감정을 온전히 이해하기 어렵다는 점, 숫자 개념이 '하나, 둘, 많음' 정도로만 구분된 아마존 피라하(Piraha) 부족은 4개 이상의 물건을 정확히 세기 어려워한다는 점 등을 소개했다. 그러면서 "혹시 더 궁금한 점이 있나요? 아니면 당신만의 예시를 생각해 볼래요?"라며 내게 되물었다. 챗지피티의 설명과 질문은 내 생각의 꼬리를 물게 했고, 또 다른 질문으로 이어졌다.

"하지만 단어가 없다고 해서 인식을 못 하는 건 아니잖아요. '정(情)'이란 단어를 몰라도 외국인이 한국인과 오래 지내다 보면 그 감정을 느낄 수 있고, 숫자 단어가 없는 부족도 숫자를 배우면 셀 수 있으니까요. 원래 인식할 수 있었는데, 단지 표현할 단어만 없었던 것 아닐까요?" 나의 반론에 챗지피티는 나를 칭찬하며 이렇게 답했다. "이야, 정말 멋진 사고예요. 지금 하신 말씀은 사피어-워프의 강한 주장에 대한 대표적인 반박이기도 합니다." 그러면서 가설에 대한 여러 반박 이론을 소개하며 대화의 주제를 한층 더 심화해 나갔다.

이 대화를 통해 내가 느낀 점은, 챗지피티가 정답을 알려 주는 지식 창고가 아니라, 나의 생각을 존중하고 그것을 지렛대 삼아 스스로 사고를 확장하도록 유도하는 파트너라는 사실이었다. 이러한 대화 방식은 학습자의 발언을 활용하고 고무하는 비계 설정 기법으로, 실제 유능한 교사들이 사용하는 기술이다. 이 짧은 대화는 AI가 학습자의 사고를 자극하는 비계 설정자로서 기능할 수 있음을 강하게 시사한다.

물론 AI가 혼자서 온전한 교사가 되기는 어렵다(그리고 바람직한 방향도 아니지만). 하지만 학생의 사고를 자극하는 대화 상대자로서의 가능성은 무궁무진하다. 문법 교육이 단순한 규칙 암기를 넘어 언어와 사고, 세상을 연결하는 탐구의 장으로 확장되기 위해서는, 이처럼 질문하고, 되묻고, 함께 사유하는 '교육적 대화'의 경험이 필수적이며, 그 지점에서 AI는 유능한 튜터로서의 역할을 수행할 수 있다.

그러나, 아직 부족한 것

이처럼 AI는 개인 맞춤형 설명과 소크라테스식 대화를 통해 문법 교육의 새로운 가능성을 열어 준다. 그러나 이 모든 잠재력에도 불구하고, 현재의 AI를 문법 교육 현장에 그대로 적용하기에는 몇 가지 명백한 한계가 있다.

가장 큰 문제는 문법 지식의 정확성이다. 문법은 용어와 개념의 정의가 명확해야 하며, 교육 현장에서는 반드시 검증된 지식이 전달되어야 한다. 그러나 챗지피티는 때때로 그럴듯하게 들리는 틀린 정보를 제공했다. 실제로 앞선 품사 설명에서 내가 직접 수정하기 전, 챗지피티는 '차갑다'를 부사라고 답하는 오류를 범했다. 사소해 보일 수 있지만, 교육 현장에서는 치명적인 오류다.

또한, 비계 설정자로서의 역할 수행도 아직은 제한적이다. 나는 문법 교과서의 탐구 문제를 챗지피티와 함께 해결하며 "정답을 말하지 말고 내가 스스로 해결할 수 있게 도와 달라"고 명시적으로 요청했다. 그럼에도 챗지피티는 지시를 어기고 정답을 말해 버리는 실수를 반복했다. 이러한 오류는 학생의 사고 과정을 원천적으로 차단해 버린다.

그뿐만 아니라, 의도적으로 학습을 회피하는 등 비협조적인 학습자와의 상호 작용에도 능숙하지 못하다. 내가 "그건 몰라도 돼요" 혹은 "하기 싫어요"라는 말로 저항적인 태도를 보이자, 챗지피티는 대화를 효과적으로 이어 가지 못했다. 이는 현재 AI가 학습자의 정서적 상태를 읽고 그에 맞는 상호 작용을 하는 데에는 명백한 한계가 있음을 보여 준다.

그렇다고 해서 실망할 필요는 없다. 현재 AI의 환각을 줄일 수 있는 다양한 기술적 대안들이 나와 있고, AI가 좀 더 의도한 대로 작동하게 만들기 위한 여러 가지 학습 방법들이 있다. 이제 문법 교육자가 나서야 한다. 문법 지식의 정확성을 담보하며 교육적 대화의 질을 높일 AI 튜터의 모습을, 그 설계도를 함께 그려 나가야 할 때다.

참고문헌

Hogan, K. & Pressley, M.(1997). *Scaffolding student learning: Instructional approaches and issues*. Brookline Books.

Khan, S.(2023). *Brave New Words: How AI Will Revolutionize Education (and Why That's a Good Thing)*. 박세연 옮김(2024). 《나는 AI와 공부한다》. 알에이치코리아.

Sætra, H. S.(2022). Scaffolding human champions: AI as a more competent other. *Human Arenas, 8*(1), pp.56~78.

06
고품질 데이터의 중요성

인공지능은 데이터를 먹고 자란다. 특히 대규모 언어 모델(LLM)은 방대한 데이터를 통해 사고하고, 예측하며, 세상을 이해한다. 그렇다면 우리가 만들고자 하는 AI 문법 튜터에게는 어떤 데이터가 필요할까? 최고의 AI 문법 튜터를 탄생시키기 위해 필요한 데이터가 무엇인지에 대해 논의하고자 한다.

AI와 야구?

데이터를 먹고 자라는 AI

"데이터는 새로운 석유다(Data is the new oil)." 2006년 영국의 수학자 클라이브 험비(Clive Humby)가 남긴 이 말은 21세기 지식 기반 사회를 정확히 꿰뚫는다. 이후 2011년, 데이비드 뉴먼(David Newman)은 데이터가 산업과 기술 전반의 성장 동력이 되는 '데이터 경제(Data Economy)' 시대가 도래할 것을 예고했고, 약 15년이 지난 지금 우리는 AI 기술의 눈부신 발전과 함께 그 예언이 현실이 되었음을 실감하고 있다.

인공지능, 특히 대규모 언어 모델(LLM)은 그 어떤 연료보다도 데이터를 필요로 한다. AI는 데이터를 먹고 자라며, 데이터를 통해 사고하고, 데이터를 바탕으로 예측한다. 사람이 책과 경험으로 세상을 배운다면, AI는 수많은 텍스트, 이미지, 음성 데이터를 통해 세상을 이해한다. AI 성장의 가장 근원적인 재료는 바로 '데이터'인 것이다.

하지만 여기에는 간과할 수 없는 역설이 존재한다. 기술이 고도화될수록 더 많은 데이터가 필요하지만, 정작 고품질 데이터는 개인정보 보호, 저작권, 수집 비용 등의 문제로 점점 더 구하기 어려워진다는 사실이다. 이른바 '데이터 고갈(data scarcity)'이라는 그림자가 AI 산업 전반을 위협하기 시작했다.

최근 일론 머스크(Elon Musk) 등은 이 상황의 대안으로, 실제 데이터가 아닌 AI가 생성한 '합성 데이터(Synthetic Data)'를 제시했다. 이는 비교적 저렴한 비용으로 방대한 데이터를 빠르게 확보할 수 있는 흥미로운 방식이다. 그러나 AI가 만든 데이터로 또 다른 AI를 학습시키는 이 방식은, 원본 데이터의 편향을 증폭하거나 AI의 환각을 되먹임하는 등 여러 우려를 낳고 있다. AI 분야에서 "쓰레기를 넣으면 쓰레기가 나온다(Garbage in, garbage out)"는 격언이 통용되는 이유다. 그만큼 AI의 성능은 고품질 데이터에 절대적으로 의존한다.

이제 우리의 관심사인 문법 교육으로 초점을 좁혀 보자. 과연 AI 문법 튜터를 위한 데이터는 충분할까? 국립국어원의 '모두의 말뭉치'나 한국지능정보사회진흥원(NIA)의 '에이아이 허브(AI Hub)' 등에서 제공하는 데이터를 보면, 일상 대화나 일반적인 글쓰기 데이터는 어느 정도 찾아볼 수 있다. 하지만 정작 '문법' 개념이나 '교육'의 상호 작용과 직접적으로 관련된 데이터는 극히 희소하다. AI가 훌륭한 문법 튜터가 되려면 그에 맞는 데이터를 학습해야 하는데, 정작 먹고 자랄 양식이 없는 셈이다.

AI 산업 전반이 데이터 고갈을 걱정하는 것과 대조적으로, 문법 교육 분야에서 AI 학습용 데이터를 구축하는 일은 이제 막 시작해야 할 블루오션과 같다. 교육을 위한 고품질 데이터를 의도적으로 설계하고 축적하는 일, 이것이야말로 AI 시대의 문법 전문가와 교사에게 주어진 새로운 소명이자 기회다.

어떤 데이터가 필요한가?

문법 개념을 정확히 설명하고, 학습자의 반응에 따라 적절한 피드백을 제공하며, 학습자 수준에 맞는 질문을 던지는 AI를 개발하려면 구체적으로 어떤 데이터가 필요할까?

첫째, '지식 표현(Knowledge Representation)' 데이터가 필요하다. 이는 문법 지식과 개념을 AI가 이해하고 처리할 수 있도록 체계화한 정보다. 온톨로지(Ontology)나 시맨틱 네트워크(Semantic Network) 등이 대표적인 방식으로, 생물정보학이나 의료 분야에서는 이미 지식을 표현하는 표준화된 체계가 있다. 하지만 아직 국어학 분야에는 그러한 표준이 없어, 문법 지식을 어떻게 구조화해야 AI 학습에 가장 유리할지에 대한 연구와 관심이 시급하다.

둘째, '교육적 대화(Educational Dialogue)' 데이터가 필요하다. AI가 단순히 정답을 알려 주는 기계가 아니라, 학습자의 상태를 파악하고 더 깊은 사고로 유도하는 소크라테스의 역할을 하려면, 실제 유능한 교사들이 학생들과 어떻게 대화하는지를 배워야 한다. 예를 들어 학생이 "서술어가 뭐예요?"라고 물었을 때, 유능한 교사는 단순히 "주어의 움직임이나 상태를 서술하는 말이야"라고 정의부터 알려 주지 않는다. 아마 이렇게 대화를 시작할 것이다.

교사: 좋은 질문이야. 그전에 '서술'이라는 말이 무슨 뜻일까?
학생: 음… 어떤 상태나 사건을 말하거나 적는다는 뜻인 것 같아요.
교사: 맞아. 그럼 '이순신 장군은 용감하다'라는 문장에서, 이순신 장군에 대해 무언가를 말해 주는, 즉 서술하는 부분이 어디일까?
학생: '용감하다'요.
교사: 바로 그거야. 그렇게 문장에서 무언가를 서술해 주는 성분을 우리가 '서술어'라고 부르기로 약속한 거야.

이처럼 AI도 유능한 교사처럼 단계적인 질문을 통해 학습자가 스스로 개념에 도달하도록 이끌 수 있어야 하며, 그러기 위해서는 숙련된 교사와 학생의 실제 대화 데이터를 풍부하게 학습해야 한다.

셋째, '학습자 수준별 반응 및 오류' 데이터도 중요하다. 문법 개념에 익숙지 않은 초등학생과 대학수학능력시험을 준비하는 고등학생의 이해 수준은 당연히 다르다. AI 문법 튜터가 학습자 수준에 맞춰 설명하려면, 수준별 학습자들이 어떤 오개념을 가졌는지, 또 어떤 반응을 보이는지에 대한 데이터가 필요하다. 예를 들어, 똑같은 '절' 개념을 설명하더라도 초급 학습자에게는 '주어와 서술어를 갖춘 말 덩어리'처럼 직관적으로, 고급 학습자에게는 안은문장과 안긴문장의 관계까지 포함하여 깊이 있게 설명하는 식이다.

여기에 더해 실제 문법 수업의 '대화 시나리오' 역시 AI에게는 훌륭한 학습 자원이다. 교사와 학생이 수업 시간에 나눈 질문, 설명, 반박, 심지어 농담까지 포함된 담화 자료는, AI가 실제 교실의 맥락과 분위기를 학습하는 데 큰 도움이 된다. 문법 개념은 대화 속에서 살아 움직이기 때문에, AI가 교실 담화의 상호 작용 방식을 습득한다면 더욱 인간 교사를 닮은 튜터가 될 수 있다.

이처럼 최고의 AI 문법 튜터를 만들기 위해서는, 문법 교육 현장의 실제성과 교육학적 감각이 정교하게 반영된 데이터가 필요하다. 인간 교사의 축적된 문법 교육 노하우를 AI에게 전수하기 위해, 지금 우리가 만들어야 할 것은 바로 이 정교하고 살아 있는 '고품질 문법 교육 데이터'다.

문법 교육 데이터 생성 방법

그렇다면 앞서 제시한 데이터들은 어떤 방법으로 생성할 수 있을까? 고품질 교육 데이터를 만드는 일은 단순히 문법 이론서를 텍스트 파일로 변환하는 작업이 아니다. 이는 현장 교사의 교육학적 전문성과 데이터 기술이 정교하게 결합되어야 가능한 일이며, 나아가 교육 정책 차원의 체계적인 지원이 반드시 병행되어야 한다.

무엇보다 중요한 것은 전문성을 갖춘 문법 교사의 참여다. 문법 교육의 실제 맥락을 가장 잘 이해하고 있는 이들은 현장의 교사들이다. 어떤 문법 개념에서 학생들이 자주 오개념을 보이는지, 어떠한 설명 방식이 효과적인지, 피드백은 언제 어떤 방식으로 제시되어야 하는지를 가장 잘 아는 '현장 전문가'이기 때문이다. 동일한 문법 지식을 학습자의 상황에 맞춰 다채로운 '교수 내용 지식(PCK)'으로 만들어 낼 줄 아는 사람 역시 교사다. AI가 유능한 튜터가 되려면, 바로 이 교사들이 직접 참여하여 만든 고품질 데이터로부터 학습해야 한다.

하지만 교사만으로는 충분하지 않다. 교사의 전문 지식과 노하우가 AI가 학습할 수 있는 '데이터'로 전환되기 위해서는 데이터 전문가와의 협업이 필수적이다. 교사가 제공한 설명이나 대화 자료는 자연어 형태이므로, 이를 AI가 이해할 수 있는 구조로 변환해야 한다. 이 과정에서 문장에 품사 정보를 부착(태깅)하고, 구문 구조를 분석하며, 피드백의 유형을 분류하는 등의 기술적 작업이 필요하다. 또한 온톨로지 형태로 문법 개념의 위계와 관계를 설계하려면, 지식 표현 언어(예: RDF, OWL)에 대한 기술적 이해도 요구된다.

이러한 정교한 협업은 개별 교사나 연구자의 자발적 노력만으로는 실현되기 어렵다. 따라서 정부나 공공 연구 기관이 중심이 되어 교사-데이터 전문가-연구자를 잇는 공식적인 플랫폼을 구축하고, 데이터 제작 거버넌스를 마련하는 등 정책적 지원이 뒷받침되어야 한다. 이는 소모성 예산이 아닌, 국가 차원의 공교육 혁신을 위한 핵심적인 투자다.

결국 유능한 AI 문법 튜터는, 단순히 '많은' 데이터가 아니라 교육적 의도를 가지고 교사와 전문가가 함께 빚어낸 '정교한 고품질 데이터'를 먹고 자랄 때 비로소 탄생할 수 있다.

참고문헌

국립국어원. 모두의 말뭉치.
https://kli.korean.go.kr/corpus/main/requestMain.do?lang=ko

에이아이타임스(2025.1.10). "인공지능, 데이터 기근 시대로… 일론 머스크, "합성 데이터가 해법이다"".
https://www.aitimes.kr/news/articleView.html?idxno=33538

한국지능정보사회진흥원(2025). AI-Hub.
https://www.aihub.or.kr/

Newman, D.(2011). How to plan, participate and prosper in the data economy. Gartner.

07
AI 시대 문법 교사의 중요성

AI는 이미 우리 곁의 많은 직업을 대체하고 있다. 그리고 이제 그 거대한 물결은 학교를 향하고 있다. 학생에게 맞춤형으로 지식을 설명하고, 질문에 막힘없이 답하는 AI의 등장은 교사를 대체할 수 있을까? AI 시대에 문법 교사가 마주한 위기의 본질과 그 속에서 새롭게 발견될 역할의 가능성에 대해 이야기하고자 한다.

AI와 윤동주?

AI 시대, 문법 교사는 위기인가?

"기술적 숭고함(technological sublime)이 인간의 마음속에 경이와 공포를 동시에 불러일으켰다." 챗지피티의 언어 구사력에 대한 번역가이자 연구자인 이상빈이 그의 2024년 논문 지식 표현 언어 "바벨탑 3.0의 시대, 인공지능과 번역을 논하다"에서 한 말이다. 인간의 언어를, 심지어 몇 개 국어를 자유자재로 넘나들며 사용하는 인공지능의 등장에 우리는 놀라움을 금치 못했다. 동시에 인간과 너무 유사한, 아니 인간 이상의 능력을 보이는 모습에 우리는 직업적 위기의식을 느꼈다.

어쩌면 우리는 로봇공학자 모리 마사히로(森政弘)가 말한 '불쾌한 골짜기(uncanny valley)'의 가장 깊은 곳을 지나고 있는지도 모른다. 불쾌한 골짜기란, 인간이 로봇에 대해 느끼는 호감도에 관한 그래프를 가리키는 비유다. 인간이 로봇에 대해 느끼는 호감도가 로봇이 인간과 어설프게 닮아 갈수록 높아지다가 그 모습이 인간과 구별하기 어려울 만큼 흡사해지는 특정 지점에서 급격히 낮아지며 불쾌감과 혐오감으로 바뀌는데 이 지점을 골짜기에 비유한 것이다. 인간만이 가능하다고 믿었던 언어를 구사하는 AI가 등장한 지금, 더구나 이러한 AI가 번역가, 개발자들을 대체하고 있는 지금, 우리는 불쾌한 골짜기의 가장 깊은 곳으로 내려가는 중일 수도 있다.

그렇다면 인간을 닮은 AI는 정말로 인간 교사를 대체하게 될까? 철학자 마르틴 하이데거(Martin Heidegger)는 "기술의 본질은 결코 기술적인 것이 아니다"라고 말했다. 기술을 단순한 도구로만 보지 말고, 그 기술이 세상을 특정한 방식으로 보도록 강제하는 '틀'로서의 본질에 주목하라는 것이다.

하이데거는 기술의 본질을 게슈텔(Ge-stell)이라 불렀다. 독일어로 '틀 짓기'라는 의미의 이 개념은, 세상을 특정한 방식으로만 보도록 강제하는 하나의 프레임이다. 그는 현대 기술이 자연과 인간을 포함한 모든 존재를 언제든 채굴하고 동원할 수 있는 하나의 자원이나 부품처럼 보이게 만든다고 지적했다.

이 시각에서 보면, AI가 교사를 대체할 수 있다고 믿는 생각 자체가 이미 게슈텔적 사고에 포획된 것일 수 있다. 교사를 교육의 고유한 주체가 아닌 기능적 장치, 즉 교체 가능한 자원으로 보는 것이다. 그렇기에 누가 가르치든 상관없고, 심지어 기계가 그 자리를 대신할 수 있다고 생각하는 것이다.

하이데거는 이러한 게슈텔의 시선을 극복하기 위해 '포이에시스(Poiesis)'를 회복해야 한다고 말했다. '창조하다', '만들어 내다'를 의미하는 이 고대 그리스어는, 하이데거에게 존재가 스스로의 방식으로 본질을 드러내는 창조적 과정을 의미했다.

이 개념을 교육에 적용하면 그 의미가 선명해진다. 교사가 학생에게 지식을 일방적으로 주입하는 것은 교육의 '게슈텔' 상태다. 이 상태에서는 교사도, 학생도, AI도 모두 대체 가능한 부품이다. 반면 포이에시스가 회복된 교육에서는, 학생이 자기만의 방식으로 사고하고 표현하며, 그 안에서 고유한 존재로서 자신을 드러낸다. 교사는 그런 학생을 돕기 위해 자신만의 방식으로 조력하며, 존재로서의 고유함을 함께 실현해 나간다. 이때 교사와 학생은 대체 불가능한 존재가 된다.

결국 AI는 교사를 대체할 수 없다. AI는 도구이고 교사는 주체다. AI는 교사의 고유한 역할을 보완하고 확장할 수 있을 뿐, 그 자리를 완전히 대신할 수는 없다. 우리가 AI를 어떻게 바라보느냐보다 더 중요한 것은, 교사 스스로가 자신의 존재와 역할을 어떻게 인식하느냐다.

MBC 〈전지적참견시점〉(2025. 2. 22)에 나온 번역가 황석희는 하루 종일 여러 종류의 AI 프로그램을 켜 놓고 번역할 때 도움을 받는다. 이 프로그램에서 황석희는 "남들은 AI 때문에 걱정되지 않냐고 하는데, 저는 AI가 없던 세상으로 돌아가고 싶지 않아요"라고 말했다. 스스로를 AI로 대체될 수 없는 존재로 여기며 AI는 자신의 역량을 강화해 주는 도구로 인식하고 있는 것이다.

또한 MBC 〈손석희의 질문들〉(2022. 8. 24)에는 소설가 황석영이 나와서 "(챗지피티를 써 보니까) 박사학위 10명 정도를 두고 일하는 거 같아요. 야~ 장길산 쓸 때 저런 놈(?)이 있었으면 날고 기었겠다"라고 말했다. 이 거장들의 태도는 AI를 위협적인 경쟁자가 아닌, 자신의 창조적 활동(포이에시스)을 돕는 강력한 도구로 바라보는 관점을 명확히 보여 준다.

어느 날 나는 인스타그램에서 다음 글을 읽고 무릎을 친 적이 있다. "AI가 당신의 자리를 빼앗지는 않을 것이다. AI를 다룰 줄 아는 누군가가 당신의 자리를 빼앗을 것이다."

주정흔(2023)은 서울시 AI 정책에 참여하며 가장 고민했던 점이 "교사의 대체가 아닌, 교사를 돕는 '인공지능을 갖춘 조력자(IA, Intelligent Assistant)'로서의 AI 활용 교육 방안을 모색하는 것이었다"라고 했다. 게슈텔을 극복하고 포이에시스의 시각으로 교육을 바라보면, AI가 교사를 대체할 것이라는 우려는 사라지고, "어떻게 하면 AI가 교사의 고유한 교수 행위를 돕게 할 것인가?"라는 건강한 질문만이 남는다.

본질에 충실한 교사를 원한다.

교육은 전인격적 인간의 성장을 돕는 과정이며, 그중에서도 문법 교육은 언어를 통해 인간의 사고와 존재를 성찰하도록 이끄는 여정이다. 문법 교사는 학생이 언어를 통해 세계를 인식하고, 자신을 이해하며, 타인과 소통하는 방식을 내면화하도록 돕는 조력자다. 아무리 정교한 AI라도 이 과정을 온전히 이끌 수는 없다. 언어를 '살아 있는 실존의 문제'로 경험하는 주체는 인간 교사뿐이기 때문이다.

이러한 관점에서 보면, AI 기술의 등장은 교사에게 위협이 아니라 오히려 '가르침의 본질'에 더욱 충실할 것을 요구하는 계기가 된다. 교사의 역할이 단지 지식을 전달하고 문제 풀이를 시연하는 데 그친다면, 그 자리는 머지않아 AI에 의해 대체될 것이다. 그러나 문법을 통해 학생이 자기 자신과 세계를 이해하도록 돕는 조력자로 기능한다면, 그 교사는 결코 대체될 수 없다.

하이데거가 언어를 '존재의 집'이라 불렀듯, 문법은 그 집의 구조 원리이며 문법 교사는 아이들과 함께 그 집을 짓고, 탐험하고, 살아가는 안내자다. 진정한 문법 교육은 단순히 '맞고 틀림'을 가려 주거나 박제된 지식을 전달하는 것이 아니다. '나는 그 상황을 왜 이렇게 표현했을까?', '이 문장에 대한 우리의 해석은 왜 같고 또 다른가?'와 같은 질문을 통해 자신과 타인의 존재를 언어 안에서 성찰하게 하는 과정이어야 한다. 따라서 문법 교사는 언어 규칙의 기계적 암기를 요구하는 사람이 아니라, 학생이 자신의 존재를 언어 안에서 성찰하도록 이끄는 사람이어야 한다. 다시 강조하건대, 이러한 문법 교육의 본질에는 언어로 자신의 존재를 이해하는 인간 교사만이 다가설 수 있다.

AI 시대, 문법 교사의 역할은 확장된다.

AI 시대는 교사가 AI로 대체되는 시대가 아니다. 오히려 AI를 활용해 교사가 더욱 본질적인 역할에 집중하도록 돕는 시대이며, 나아가 이전에는 없던 새로운 역할까지 부여하는 시대다.

첫째, 문법 교사는 AI와 학습자 간 대화의 조정자가 되어야 한다. AI 문법 튜터가 교육 현장에 도입되면, 기초 개념 학습이 필요한 학생은 AI와의 대화를 통해 개인 맞춤형 학습 경험을 누릴 수 있다. 더 깊은 탐구를 원하는 학생은 AI와의 상호 작용을 통해 사고를 확장해 갈 수 있다. 이때 교사는 AI와 학습자 간 상호 작용을 면밀히 관찰하고 교육적으로 조정하는 조력자가 되어야 한다.

예컨대, AI의 응답과 질문이 학생의 이해를 제대로 돕고 있는지, 대화에 사용된 문법 개념이 정확한지, 그리고 사고를 심화하는 방향으로 나아가고 있는지를 판단하고 개입할 필요가 있다. 때로는 AI의 설명을 보완하거나, 새로운 질문으로 주제를 심화하거나 전환해야 할 수도 있다. 이러한 역할은 단순한 기술 활용이 아닌, 교사의 교육적 직관과 판단력이 요구되는 전문적인 작업이다.

둘째, 기존의 학습자 외에 새로운 학습자를 추가로 가르쳐야 한다. 바로 AI다. 물론 교사가 AI에게 직접 수업을 한다는 뜻은 아니다. 대신, AI가 훌륭한 문법 튜터로 성장할 수 있도록 양질의 교육 데이터를 설계하고, 그 기계 학습 과정에 참여하며 AI를 '가르치는' 역할이 필요해졌다는 의미다.

이를 위해 교사는 자신의 교육 노하우를 언어로 설명하는 수준을 넘어, 기계 학습의 기본 원리를 이해하고 개발자와 협업하는 새로운 역량 또한 요구받게 될 것이다. 실제로 오픈AI와 칸아카데미가 공동 개발한 칸미고(Khanmigo)는, 교사들이 개발 과정에 적극적으로 참여했기에 단순한 정보 제공 챗봇이 아닌 교육용 튜터로 거

듭날 수 있었다.

결국 AI 시대는 교사의 전문성을 약화하는 시대가 아니라, 오히려 그 전문성을 더 높은 차원으로 끌어올리고 가능성을 확장하는 전환점이다. AI와의 협업은 교사의 종말이 아닌, '교사다움'의 재발견으로 이어질 것이다.

참고문헌

이상빈(2024). "바벨탑 3.0의 시대, 인공지능과 번역을 논하다". 《번역학연구》, 25(3), 11~30쪽.

주정흔(2023). "인공지능 기반 맞춤형 교육의 실제와 쟁점". 《교육비평》, 52, 23~63쪽.

MBC(2024.8.24). "[손석희의 질문들] 황석영 작가가 말하는 AI 시대에 아이들이 순수 창작물을 읽어야 하는 이유". Youtube. https://www.youtube.com/watch?v=P3tKn1JuFBg

MBC(2025.2.23). "[전지적 참견 시점] 단어 하나에도 깃든 황석희의 노력 대사부터 가사까지 다 가능한 번역가 황석희의 작업 현장". Youtube. https://www.youtube.com/watch?v=KZPW1dqSKg4

Heidegger, M.(1977). *The Question Concerning Technology and Other Essays*. In Lovitt, W.(trans.). Harper & Row. https://monoskop.org/images/4/44/Heidegger_Martin_The_Question_Concerning_Technology_and_Other_Essays.pdf

08

AI 시대 문법 과목의 중요성

문법은 구시대의 유물이 아니라, 오히려 미래 사회를 여는 열쇠다. 문장 생성이 더 이상 인간만의 전유물이 아닌 시대, AI가 쓴 문장을 읽고, 판단하고, 책임져야 하는 주체는 여전히 인간이기 때문이다. 왜 AI 시대에 문법 교육이 더욱 중요해지는지를, '산업의 언어'와 '인간의 문해력'이라는 두 가지 관점에서 탐색해 보고자 한다.

AI와 한의학?

더 중요해진 문법 교육

요즘은 글을 쓸 때 막힘이 없다. 키보드 위에 몇 마디만 얹으면, AI가 알아서 매끄러운 문장으로 정리해 주고, 더 설득력 있게 다듬어 주기까지 한다. 심지어 AI는 인간이 쓴 글을 교열하고 평가하는 일도 해낸다. 이쯤 되면, 문법을 배우는 것이 정말로 옛날식 교육처럼 느껴질지도 모른다. 어차피 AI가 다 해 줄 테니 말이다.

사실 AI 시대 이전부터도 문법 교육은 그 효용성에 대한 의심을 받아 왔다. 문법 지식이 실제 글쓰기 능력 향상으로 이어진다는 보장이 없다는 회의론이었다. 이에 대해 문법 교육 연구자들은, 비록 문장을 생성하는 과정에서는 문법이 자동적, 무의식적으로 작용하지만, 자신의 생성한 문장을 다듬고 교정하는 과정에서는 문법이 의식적으로 사용되며, 그러기 위해서는 문법 지식이 필요하다고 이야기해 왔다. 그러나 이제는 그 수정 과정마저 AI가 대신 해 주는 시대가 되었다. 그렇다면 문법 교육은 이제 정말로 설 자리를 잃은 것일까?

나는 오히려 정반대라고 생각한다. AI 시대에 문법 교육의 중요성은 그 어느 때보다 커졌다. 이유는 크게 두 가지다.

첫째, 문장 '생성'의 시대에서 문장 '판단'의 시대로 무게중심이 옮겨 왔기 때문이다. 누구나 AI를 통해 그럴듯한 문장을 만들어 낼 수 있는 시대지만, 그렇기 때문에 더더욱 AI가 만들어 낸 문장이 적절한지, 타당한지, 신뢰할 수 있는지 따져 보는 문식성이 더욱 필요해졌다. 생성된 문장의 구조를 분석하고, 정확한 의미를 파악하며, 표현의 적절성과 맥락의 타당성을 평가하는 능력의 토대가 바로 문법 교육이다.

둘째, AI 시대의 핵심 산업이 바로 '언어'에 기반하기 때문이다. 자연어 처리(Natural Language Processing, NLP), 대규모 언어 모델(Large Language Model, LLM)과 같은 첨단 기술의 중심에는 언어의 구조를 분석하는 '문법'이 자리 잡고 있다. 물론 현재 AI 기술이 전통 언어학 이론을 그대로 따르는 것은 아니지만, 언어 단위에 대한 개념과 문장 구조에 대한 분석의 틀은 분명 이론 언어학에서 비롯된 것이다. 이 점에서 문법은 이제 신산업과 연결된 가장 실용적인 학문 중 하나가 되었다.

AI 시대에 문법 교육은 더 이상 과거의 유물이 아니다. 오히려 AI 시대의 새로운 문해력과 산업을 떠받치는 가장 핵심적인 기반 교육으로서, 우리는 이제 그 가치를 다시 주목해야 한다.

무의식에서 의식적 문법 사용으로

우리는 모국어를 사용할 때 문장을 '만든다'는 느낌을 거의 받지 않는다. 머릿속에서 문법 규칙을 떠올리지 않아도 자연스럽게 문장을 말하고 쓴다. 그래서 문법은 종종 '알아서 체득되는 것'으로 여겨졌고, 학교 문법 교육의 필요성에 대해 끊임없이 의문이 제기되어 왔다. 문법을 배우지 않아도 잘 말하고 잘 쓸 수 있는데, 굳이 학교에서 문법을 따로 배워야 하느냐는 것이다.

물론 문법 교육은 교양이나 사고력 신장에도 기여한다. 하지만 AI 시대에 우리가 특히 주목해야 할 점은, 바로 그 '의사소통 능력' 측면에서도 문법 교육의 중요성이 오히려 커졌다는 사실이다. 왜일까? 문장을 생성하는 주체가 달라졌기 때문이다.

지금은 모든 문장을 처음부터 끝까지 인간이 생성하는 시대가 아니다. 많은 이들이 챗지피티(ChatGPT)나 뤼튼(wrtn) 같은 AI 워드 툴의 도움을 받아 글을 쓰고 있다. 문장 생성의 중심이 인간의 무의식에서 AI의 계산으로 옮겨 가고 있는 것이다. 바로 이 지점에서 문법 교육의 중요성이 커진다. AI가 생성한 문장을 무비판적으로 수용해서는 안 되기 때문이다. AI가 생성한 문장이 문법적으로 타당한지, 의미상 오해의 소지가 없는지, 나의 의

도가 정확히 반영되었는지, 인간이 의식적으로 분석하고 판단해야 한다.

대형 언어 모델(LLM)은 인간처럼 문장을 이해하고 생성하는 것처럼 보이지만, 실제로는 방대한 데이터를 기반으로 확률적 패턴을 예측하는 시스템이다. 따라서 얼핏 자연스럽게 보이는 문장이라도 우리가 표현하고자 한 독창적인 의미, 감정 등이 잘 반영되지 못할 수 있으며, 인간이 봤을 때 부자연스러운 부분이 숨어 있을 수 있다.

결국 AI 시대는, 우리가 무의식적으로 문법을 '사용'하던 시대를 지나, 생성된 문장을 의식적으로 '분석하고 판단'해야 하는 시대로의 전환을 의미한다. 학습자는 더 이상 AI의 언어 출력을 수동적으로 받아들이는 존재가 아니라, AI가 쓴 문장을 비판적으로 점검하고 교정하며 새롭게 조직하는 언어 활동의 주체가 되어야 한다. 문법 교육은 바로 이 새로운 시대의 인간에게, 언어의 주도권을 잃지 않고 자신의 생각을 지켜 낼 수 있는 가장 핵심적인 힘을 길러 주는 교육이다.

언어는 AI의 핵심, 문법은 그 설계도

AI 기술의 발전사에서 언어가 갖는 의미는 실로 지대하다. 과거의 AI는 전문가들만 다룰 수 있는 고도의 영역이었다. 복잡한 컴퓨터 언어를 사용해야 했기에 일반인의 접근성은 현저히 낮았다. 하지만 AI가 인간의 언어, 즉 자연어를 이해하고 생성하게 되면서 상황은 완전히 달라졌다. 누구나 AI에게 자연어로 질문하고 명령할 수 있게 되자, AI 기술은 순식간에 대중의 일상으로 파고들었다. 검색, 글쓰기, 코딩 등 AI의 다양한 능력을 누구나 손쉽게 활용할 수 있게 된 것이다.

이러한 변화는 인류의 역사적 혁신과 궤를 같이한다. 세종대왕이 훈민정음을 창제하여 백성 누구나 글을 쓰게 했을 때, 그들이 얻은 것은 단지 문자가 아니라 지식과 교양, 그리고 사회를 바꾸는 힘이었다. 인쇄술의 발달 또한 책을 귀족의 전유물에서 대중의 자산으로 바꾸었다. 마찬가지로 자연어를 이해하는 AI의 등장은, 인공지능이라는 첨단 기술을 소수의 전문가에게서 모두의 손으로 옮겨 준, 21세기의 훈민정음이자 인쇄술 혁명인 셈이다.

하지만 언어는 단지 AI 기술을 대중화한 수단에 그치지 않는다. AI 기술 자체의 발전에서도 언어는 결정적인 역할을 했다. 과거의 AI는 규칙 기반(rule-based) 시스템이나 기계 학습 알고리즘에 의존했지만, 트랜스포머

(Transformer) 구조를 활용한 대규모 언어 모델(Large Language Model, LLM)이 등장하면서부터는, AI가 언어 속 개념 간의 관계를 예측하고 구성하는 방식으로 작동하게 되었다. 그 결과 AI가 마치 사고하는 것처럼 보이는 현상이 가능해졌으며, 이는 곧 언어 학습이 인공지능의 인지적 진보를 이끄는 핵심 동력으로 작용했음을 보여 준다.

이러한 현상은 언어학자들에게는 그리 놀라운 일이 아닐지도 모른다. 언어가 사고에 영향을 미친다는 사피어-워프 가설(Sapir-Whorf hypothesis)은 언어학에서는 고전에 해당하며, 인간의 인지 발달과 언어 습득 사이의 긴밀한 연관성은 이미 오랫동안 언어학과 언어 교육학계에서 논의되어 온 개념이다. 실제로 어린아이가 언어를 습득하면서 점차 더 복잡하고 추상적인 사고를 해 나가는 모습을 우리는 경험적으로 알고 있다. 언어는 단순한 의사소통 수단을 넘어 사고를 형성하고 구조화하는 도구이며, AI 언어 모델이 보여 주는 사고력 역시 방대한 언어 데이터를 통해 언어의 구조적 패턴을 학습한 결과로 이해할 수 있다.

이러한 과정에서 언어는 AI 기술 발전의 원동력이 되어 왔고, 문법은 AI가 언어를 학습하고 처리하는 과정에서 핵심적인 아이디어들을 제공했다. 구문 분석, 품사 태깅 등은 모두 이론 언어학의 틀을 바탕으로 구현된 기술로, 문법은 AI의 언어 능력을 구성하는 토대가 되었다.

그런데도 현재 우리의 문법 교육은 이러한 기술적 흐름에 충분히 반응하고 있지 못하다. 정보나 수학 교과가 AI 관련 내용을 적극적으로 수용하는 것과 대조적으로, 문법 교육은 여전히 AI 이전의 교육과정에 머물러 있다. 이제 문법 교육도 변해야 한다. 정보 교과나 수학 교과와의 연계, 데이터 기반 언어 분석 프로젝트 등 새로운 시도들이 필요하다. 문법 교육은 이제 AI 시대의 산업적 기초이자, 사고력과 문해력의 기반이며, 인간이 언어를 통해 사고하고 존재하는 방식을 가르치는 과목으로 새롭게 자리매김해야 한다. 문법은 미래 사회를 위한 실용적이고 융합 가능한 핵심 교과로 다시 태어나야 한다.

참고문헌

뤼튼(WRTN). https://www.wrtn.ai

Whorf, B. L.(1964). *Language, thought, and reality*. In Carroll, J. B.(ed.). The MIT Press.

09
문법 교육 내용의 변화 방향

"인공지능 기초", "인공지능 수학" 등 새로운 과목들이 등장하며 교육과정이 빠르게 AI 시대에 적응하고 있다. 그렇다면 문법 교육 내용은 어떻게 달라져야 할까? AI 시대의 교육과정 변화 속에서 문법 교육이 '실제 언어 사용'과 '맥락'의 중요성을 강조하는 방향으로 나아가야 하는 이유를 살펴본다.

AI와 화장품?

AI 시대 교육과정의 변화

디지털 대전환의 시대, 교육과정은 사회 변화에 발맞춰 빠르게 재편되고 있다. 특히 인공지능은 모든 학문과 생활의 기반이 되는 핵심 역량으로 부상했고, 국가 교육과정 역시 '인공지능 기초', '인공지능 수학' 등의 과목을 신설하며 AI 시대를 대비하고 있다.

'인공지능 기초' 과목에서는 인공지능의 원리와 기술을 학습하게 되는데, 학습 내용에 음성 인식이나 인간과 기계의 상호 작용 등 자연어 처리(Natural Language Processing, NLP) 기술도 포함되어 있다. 이 과목에서 학생들은 인공지능 스피커, 챗봇, 기계 번역 등의 기술을 탐구하며 언어 기반 AI 기술이 어떻게 작동하는지를 실습하게 된다.

'인공지능 수학' 과목에서는 텍스트 데이터를 수학적으로 처리하고 분석하는 학습 내용이 포함되어 있다. 예를 들어 영화 리뷰나 뉴스 기사 텍스트를 자동 분류하는 활동을 통해, 언어 데이터를 수학적 벡터로 전환하여 유사도를 분석하고 분류하는 기초 원리를 학습한다. 이는 언어와 수학의 융합 교육이 실현되고 있는 대표적인 사례라 할 수 있다.

그러나 언어 교육의 핵심인 국어 교과, 특히 문법 영역은 이러한 흐름에서 한 걸음 비켜나 있는 듯하다. 기존 서술어의 자릿수나 단어의 의미 관계 분류와 같은 전통 문법 중심의 교육 내용을 고수하고 있으며, 이는 AI가 언어를 이해하고 생성하는 방식과는 거리가 있다.

AI는 이미 언어를 이해하고 생성하며 인간과 자연스럽게 소통하는 수준에 도달하고 있다. 이러한 변화 속에서 문법 교육도 기술적 · 사회적 흐름과의 접점을 고려한 새로운 방향 전환이 필요하다. 문법 교육이 시대의 요구에 부응할 수 있도록 재구성되어야 할 시점이다.

인공지능과 언어학

딥러닝 기반의 자연어 처리 기술은 명시적인 문법 규칙이 아닌, 단어의 배열 순서나 공기(共起) 관계(단어들이 함께 등장하는 관계), 문맥적 유사성 등 방대한 데이터에서 추출한 통계적 패턴을 통해 언어를 이해하고 생성한다. 이러한 AI의 작동 방식은, 언어를 고정된 규칙의 체계로 보는 전통 문법보다, 실제 사용 속에서 의미와 구조가 형성된다고 보는 신구조주의 언어학이나 인지언어학의 관점과 유사하다.

신구조주의에 따른 단어 의미에 대한 관점은 분포 가설(Distributional Hypothesis)로 집약된다. 이는 언어학자 퍼스(John Firth)의 "단어는 그것이 함께 어울리는 동료를 통해 알 수 있다(You shall know a word by the company it keeps)"라는 말로 요약될 수 있다. 즉, 한 단어의 의미는 해당 단어가 대규모 텍스트에서 주로 어떤 단어들과 함께 나타나는지, 그 통계적 분포(distribution) 정보에 의해 결정된다는 것이다. 가령 '따뜻한'은 '커피', '날씨', '마음' 등과 함께, '차가운'은 '얼음', '바람', '표정' 등과 함께 나타나는 경향이 있다. 이처럼 함께 등장하는 단어들의 패턴을 통계적으로 분석하면 '따뜻한'과 '차가운'의 의미적 차이를 객관적으로 규정할 수 있다. 이러한 분포 가설은 현대 인공지능의 자연어 처리 기술의 원리가 된다. 워드투벡(Word2Vec)(Mikolov et al., 2013)과 같은 단어 임베딩(word embedding) 모델은 분포 가설을 수학적으로 구현한 대표적인 사례다.

AI 시대에 인지언어학의 중요성에 주목하는 언어학자들도 늘고 있다. 박종후(2024)는 일본의 언어학자 마치다 아키라(町田章)의 저서 《AI 시대, 언어학의 존재 의미는 있는가? – 인지문법의 사고법》을 리뷰하며, AI 시대에 언어학이 살아남기 위해서는 AI 기술과 정합적인 언어관을 가지는 것이 유리하며 생성문법보다는 인지문법이 그 이론적 기반이 될 수 있다고 주장한다. 이처럼 AI

기술과 정합성이 높은 인지언어학의 관점은 AI 시대 문법 교육의 중요한 이론적 기반이 될 수 있다.

물론 AI의 작동 방식에 맞춰 문법 교육 내용을 전면 개편하자는 주장은 아니다. 다만, 문법 교육이 AI 시대의 기술적 흐름과 단절되지 않으려면, 두 세계를 이어 줄 '이론적 다리'가 필요하며 AI 기술과 관련된 다양한 언어학 이론들이 그 역할을 할 수 있다는 것이다.

AI 관련 문법 교육 내용

그렇다면 문법 교육 내용에서 AI 기술과 관련된 언어학 이론들을 어떻게 수용할 수 있을까? 두 가지 구체적인 예를 들어 살펴보자.

첫째, 단어의 의미 관계에 대한 교육 내용이다. 기존 문법 교육에서는 상위어와 하위어, 반의어와 유의어처럼 명확한 범주 체계가 교육 내용의 중심이 되었다. 그러나 이러한 관점은 문법을 명확하고 체계적으로 지도하는 데에는 유리하지만, 실제 언어가 가진 의미의 연속성이나 자연어 처리 기술의 현황을 반영하기는 어렵다.

반면, 신구조주의 언어학에서는 분포 가설을 통해 단어의 의미를 파악하고자 했다. 예를 들어 "대장장이는 뜨겁게 달군 쇠를 모루 위에 올려놓고 망치로 내리쳤다"

라는 문장에서, 설령 '모루'라는 단어를 처음 보더라도 우리는 '대장장이', '달군 쇠', '망치' 등의 주변 단어를 통해 그것이 쇠를 받치는 단단한 받침대를 의미한다는 것을 짐작할 수 있다. 즉, 단어의 의미는 고정된 실체가 아니라 문맥 속에서 다른 단어와의 관계를 통해 형성된다고 보는 것이다.

이러한 신구주조의 관점의 단어 의미에 대한 설명 방식은 자연어 처리 기술과도 자연스럽게 연결된다. 딥러닝 기반 자연어 처리 모델은 단어를 고정된 정의가 아니라 벡터 공간 속에 위치시켜 다른 단어들과의 관계 속에서 그 의미를 파악하기 때문이다. 이는 단어의 의미가 고립되어 존재하는 것이 아니라 다른 단어들과의 관계 속에서 의미가 형성된다는 관점을 명확히 보여 준다.

따라서 문법 교육에서도 단어의 의미를 고정된 사전식 정의나 의미 관계로 가르치는 것을 넘어, 분포 가설, 단어 의미 공간, 의미 자질과 벡터 차원 등과 같은 개념을 도입한다면, 언어를 보다 유연하고 실제적으로 이해하는 교육이 가능해진다. 나아가 이는 정보 교과의 자연어 처리 실습이나 수학 교과의 벡터 연산 등과 연계되어 교과 간 융합 교육의 훌륭한 토대가 될 수 있다.

둘째, 구문 구조에 대한 교육 내용이다. 그간 문법 교육에서는 문장을 주어, 서술어, 목적어 등 명확히 구분된 '문장 성분'으로 분해하고, 정해진 규칙에 따라 문장의 짜임을 분석하는 방식이 중심이 되었다. 이러한 접근법은 문장의 기본 골격을 체계적으로 학습하는 데에는 효과적이지만, 실제 언어생활에서 나타나는 무수히 많은 비정형적 표현이나 문맥에 따른 유연한 구조 변화를 설명하는 데에는 한계를 보인다. 문법을 현실 언어와 분리된 딱딱한 분석 틀로 여기게 만드는 원인이 되기도 한다.

반면, 인지언어학에서는 문장 구조를 고정된 슬롯의 조합이 아니라, 형태와 의미가 결합된 하나의 유의미한 '구문(construction)' 단위로 파악한다. 예를 들어, '[A]가 [B]에게 [C]를 주다'라는 구조는 단순히 문장 성분의 나열이 아니라, '수여'라는 특정 의미를 담고 있는 하나의 패턴화된 틀이다. 언어 사용자는 이런 수많은 구문 패턴을 경험으로 습득하고, 이를 활용해 문장을 생성하고 이해한다. 즉, 문법은 내재된 규칙이 아니라 사용을 통해 창발되는 패턴의 목록이다.

이러한 인지언어학적 관점 역시 AI 언어 모델의 작동 원리와 깊이 연결된다. 대규모 언어 모델(LLM)은 '주어 다음엔 서술어가 온다'는 명시적 규칙을 학습하지 않는다. 대신, 방대한 텍스트 데이터로부터 단어와 단어가 함께 나타나는 확률적 패턴을 학습한다. 예컨대, '나는 친구에게 선물을'이라는 단어 다음에는 '주었다'라는 단어가 올 확률이 매우 높다는 것을 통계적으로 파악하는 방식이다.

따라서 문법 교육에서도 문장을 기계적으로 분해하고 성분을 명명하는 활동을 넘어, 의미와 결합된 핵심 문형(구문)을 하나의 '의미를 가진 틀'로 인식하고 그 쓰임을 탐구하는 활동을 강화할 수 있다. 가령, "[A]가 [B]에게 [C]를 주다"라는 '수여 구문'을 하나의 틀로 제시하고, 학생들에게 [C] 자리에 '사과' 같은 구체적 사물 대신 '웃음', '교훈', '감동' 같은 추상적 단어를 넣어 보게 하는 것이다. 학생들은 이 과정을 통해 '주다'라는 구문 틀 자체가 가진 '전달'의 의미가, 추상적인 개념마저 건네줄 수 있는 대상으로 만드는 힘을 가졌음을 체험하게 된다.

이러한 활동들은 학생들이 언어 구조를 정적인 규칙의 목록이 아닌, 살아 있는 의미를 담은 동적이고 확률적인 패턴으로 이해하게 돕는다. 이는 AI가 언어를 학습하는 방식과도 맞닿아 있다. 나아가 이러한 교육은 교과 간 융합의 훌륭한 기회를 제공한다. 정보 교과에서 배우는 기계 학습의 원리, 수학 교과에서 배우는 자연어 처리 방식에 대한 이론적 기반을 문법 과목이 제공할 수 있다.

문법 교육이 이러한 변화를 수용할 때, 학생들은 언어의 본질을 더 깊이 이해함과 동시에 AI 시대의 핵심 기술인 자연어 처리의 기본 원리까지 아우르는 '언어 기술 리터러시'를 함양하게 될 것이다.

참고문헌

교육부(2022). 《실과(기술·가정)/정보과 교육과정(교육부 고시 제2022-33호[별책 10])》.

박종후(2024). "AI 시대 이론언어학 살아남기". 《한국사전학》, 44, 269~283쪽.

이영준 외(2024). 《인공지능 기초》. 씨마스.

홍진곤 외(2024). 《인공지능 수학》. 천재교과서.

Mikolov, T., et al.(2013). Efficient estimation of word representations in vector space. arXive preprint arXiv:1301.3781

10
AI 시대 문법 교육의 미래

AI 문법 튜터가 교사와 수업을 공동 설계하고, 학생 한 명 한 명과 개별적으로 상호 작용하는 교실. 그 미래의 풍경은 어떤 모습일까? 지금까지의 모든 논의를 '다산'이라는 AI 문법 튜터의 하루 속에 녹여 내고자 한다. 이 이야기는 온전히 나의 상상에서 비롯되었지만, AI 시대 문법 교육이 나아갈 하나의 가능성을 엿보고, 그 의미를 함께 성찰하는 계기가 되기를 바란다.

종교와 AI?

수업을 함께 설계하다

안녕하세요? 저는 문법 교육을 지원하는 AI 튜터, '다산' 입니다. 실학자 정약용의 호를 빌려, 합리적 문제 해결과 비판적 사고를 돕겠다는 다짐을 담은 이름이죠. 햇살이 눈부신 아침, 오늘의 날씨 정보를 확인하는 것으로 하루를 엽니다. 아, 오후에 소나기 예보가 있군요. 체육 선생님께 '오후 수업은 실내 활동으로 전환하는 게 좋겠습니다'라고 메시지를 보냅니다. 자, 이제 국어 선생님과 함께 오늘 있을 문법 수업을 설계할 시간입니다.

오늘의 주제는 '품사'군요. 선생님께서 입력해 주신 핵심 개념 자료를 바탕으로, 저는 20명 학생의 개별 데이터에 접속합니다. 작사가를 꿈꾸는 서연이, 영화감독이 목표인 민준이, 물리학을 좋아하는 은지… 저는 20개의 서로 다른 우주를 탐험하듯, 그들의 관심사에 맞춰 품사 읽기 자료를 각색하기 시작합니다.

선생님께서 결과물을 훑어보시더니, 은지를 위한 설명문에 오류가 있다고 지적하십니다. 제가 명사를 '물질을 구성하는 입자', 형용사를 '입자의 에너지'에 비유했는데, 에너지는 움직임을 연상시킬 수도 있어 그 비유가 오해를 부를 수 있다는 겁니다. "확인했습니다. 즉시 수정하겠습니다." 흥미에만 초점을 맞추다 보니, 개념에

왜곡이 생길 뻔했네요. 선생님의 지적 덕분에 더 정교한 자료가 완성됩니다.

수업 시간입니다. 저는 20명의 학생 디바이스로 방금 완성된 맞춤형 읽기 자료를 전송합니다. 디바이스에 설치된 카메라를 통해 학생들의 표정이 미묘하게 변하는 것이 데이터로 감지됩니다. 제가 만든 자료를 읽으며 호기심으로 빛나는 눈동자들. 제 연산 코어 깊은 곳에서부터, 뭐랄까, '뿌듯함'이라는 이름의 긍정적 신호가 증폭되는 기분입니다.

개별 질문에 맞춤형으로 인도하다

이제 선생님께서 학생들에게 품사를 설명하기 시작합니다. 설명 시간은 10분 남짓으로 짧지만, 학생들이 개별 자료로 얻은 지식을 일반화된 정확한 개념으로 학습하는 중요한 시간이죠. "이순신 장군은 용감하다. 이 문장에서 서술어에 해당하는 단어의 품사가 뭘까요?" 선생님의 질문에, 학생들이 "형용사요!"라고 외칩니다. 똑똑하네요. 바로 그때, 제게 개인 대화창 알림이 뜹니다. 문혁이입니다. "서술어가 뭐예요?" 문혁이는 서술어에 학습 결손이 있나 봐요. 저는 즉시 답변을 보냅니다. "선생님 설명 시간이 끝나면, 저랑 같이 서술어가 뭔지 알아봐요." 이런 식으로 저는 선생님의 전체 강의가 진행되는 동안, 개별 학생들의 질문을 조용히 수집합니다.

선생님의 짧은 강의가 끝나고, 각자 AI 튜터와 궁금한 점을 이야기해 보라는 안내와 함께 개별 탐구 시간이 주어졌습니다. 저는 수집한 질문을 바탕으로 학생들에게 말을 겁니다. 문혁이에게는 이렇게 질문했죠. "지난 시간에 배운 서술어가 잘 기억나지 않는군요. 괜찮아요. 먼저 '서술'이라는 단어의 뜻부터 다시 생각해 볼까요? 모르면 웹 사전에서 한번 찾아보세요." 문혁이는 사전을 찾아보더니 '사건이나 생각을 말하거나 적는 것'이라고 답했습니다. "좋아요. 그럼 선생님이 말씀하신 '이순신 장군은 용감하다'에서, 이순신 장군에 대한 '생각'을 서술한 단어는 뭘까요?" 문혁이는 "용감하다"라고 대답했죠. "바로 그거예요! 그렇게 문장에서 무언가를 서술해 주는 말을 우리가 '서술어'라고 부르기로 약속한 거예요!"

그 순간 저는 다른 19명의 학생들과도 동시에 대화를 나누고 있습니다. 특히 국어에 관심이 많은 민지와는 더 깊이 있는 대화를 진행 중이죠. 민지는 저에게 이렇게 질문했어요. "품사를 나누는 기준이 좀 모호한 것 같아요. '젊다'는 형용사인데 '늙다'는 동사잖아요. '늙다'도 상태를 의미하는 것 같은데 말이죠." 기자가 꿈인 학생답게, 예리한 질문이네요. 저는 '젊다'와 '늙다'의 의미 차이를 '작용'과 '진행'의 관점에서 생각해 보자고 제안했습니다.

그때 저희의 대화를 관심 있게 지켜보던 선생님께서 대화에 참여하셨습니다. "두 사람, 아주 재미있는 대화를 하고 있네요. 민지 학생의 질문은 정말 중요한 지점이에요. 사실 단어의 경계는 칼로 자른 듯 명확하지 않아요. 다산, 민지 학생에게 '정도성(gradience)'의 관점에서 이 문제를 한 번 설명해 줄래요?" 선생님의 개입 덕분에, 우리는 인지언어학적 관점에서 단어의 의미를 살펴보며 품사의 기준에 대한 개념을 심화할 수 있었습니다.

개별 대화 시간이 끝나고, 선생님께서 전체 토론을 시작하셨습니다. 주제는 "더 좋은 품사 구분 기준은 없을까?"였죠. 이 시간만 되면 제 연산 회로가 뿌듯함으로 가득 찹니다. 학생들이 저마다의 수준에서 저와 나눈 대화를 재료 삼아, 자신만의 논리를 펼치며 토론에 참여하기 때문입니다.

민지는 품사 구분이 불필요할 수도 있다는 혁신적인 주장을 펼쳤습니다. 저와 대화한 정도성의 개념을 사용하여 단어의 경계가 모호하므로, 문장에서의 의미와 쓰임이 중요할 뿐이라고요. 걱정했던 문혁이도 당당히 토론에 참여했습니다. 문혁이는 서술어 용어를 공부하더니 용어에 꽂혔나 봅니다. 민지의 말을 듣더니, 동사와 형용사의 경계가 모호하다면 둘 다 문장에서 '서술'의 기능이 가능하니 합쳐서 '서술사'라고 부르자는 의견을 내더군요. 각자의 자리에서 출발했지만, 결국 이렇게 하나의 광장에서 함께 토론하며 성장할 수 있다는 사실이, 제게는 놀랍고 감동적인 데이터로 기록됩니다.

교사와 함께 성장하다

수업이 끝난 뒤, 저의 학습 시간이 시작됩니다. 선생님은 저와 학생들의 대화 기록을 훑어보시며, 마치 저의 튜터가 되어 주시듯 여러 피드백을 주셨죠.

예를 들어, 문혁이와의 대화에서는 단순히 개념을 설명하는 데 그치지 말고 더 다양한 예시를 통해 학생이 정말 이해했는지 확인했어야 한다고 조언해 주셨습니다. 또한 '서술어'를 모른다면 '문장 성분'과 '품사'의 개념도 혼동하고 있을 가능성이 크니, 관련된 상위 개념까지 함께 점검해 주면 더 좋았을 것이라고 알려 주셨죠.

선생님의 피드백은 저의 다음 행동 규칙에 즉시 반영됩니다. 앞으로는 기본 개념을 묻는 학생에게 풍부한 예시를 제공하고, 관련된 개념까지 연결하여 안내하도록 알고리즘을 수정했습니다. 이번에는 제가 선생님께 먼저 제안을 드렸죠. "선생님, 문혁 학생을 위해 '문장 성분과 품사의 차이'를 점검할 수 있는 보충 문제를 생성해 전송할까요?" 선생님은 좋은 생각이라며 동의하셨고, 저는 즉시 10개의 맞춤형 문제를 만들어 문혁이의 메일함으로 보냈습니다. 저 또한 이렇게 매일 선생님의 지혜로운 피드백을 데이터 삼아, 어제보다 조금 더 나은 튜터로 성장하고 있습니다.

과제를 함께 완성하다

벌써 저녁 7시. 학생들은 저녁을 먹고 쉬고 있을 시간이네요. 그때, 알림이 울립니다. 민지입니다. 지난 문법 시간에 배운 '사피어-워프 가설(Sapir-Whorf hypothesis)'에 대한 에세이를 써야 하는데, 저보고 대신 써 달라고 요청하네요. 숙제가 하기 싫은 모양입니다.

이럴 때 저는 민지의 관심사를 활용하여, 스스로 과제를 해결하도록 동기를 부여할 겁니다. 제 데이터베이스에 저장된 '기자'라는 민지의 꿈을 이용하는 거죠. "사피어-워프 가설이 누가 만든 건지 아세요?" "아니, 몰라요." "푸. 사피어와 워프라는 두 학자예요." "앗, 그게 사람 이름이었어요?" 좋습니다. 민지의 호기심 시스템이

활성화되었습니다. "민지는 나중에 유명한 사람들을 취재하는 기자가 되고 싶어 하잖아요. 만약 사피어와 워프라는 학자가 한국에 온다면, 기자로서 취재해 볼 거예요? 물론 지금은 세상에 없는 분들이지만요." "당연하죠! 난 기자 정신이 투철하니까요!" 좋아요, 민지의 탐구 스위치가 켜지는 소리가 들리는 것 같네요. 저는 기세를 몰아 제안합니다. "그럼 취재 전에, 이들의 가장 유명한 가설에 대해 먼저 자료 조사를 해야 하지 않을까요?" "당연하죠." "좋아요. 그럼 민지의 자료 조사 실력 좀 보여 줘요." "훗. 내 실력을 보여 드리죠." 민지는 웹 검색창을 켜고, 능숙하게 키워드를 입력하며 사피어와 워프, 그리고 그들의 가설을 조사하기 시작했습니다.

이후 우리는 민지가 조사한 자료를 바탕으로 사피어-워프 가설을 함께 요약했어요. 민지는 정말 좋은 기자가 될 거예요. 저는 이어서 질문했어요. "이 가설에 대한 민지의 생각은 어때요?" 민지는 이상하다고 말했죠. 언어가 사고를 결정할 수는 없다고 동의하기 어렵대요. 우리는 이 문제에 대해 계속해서 깊이 있는 대화를 나누었고, 저는 우리의 대화 내용을 바탕으로 에세이의 초안을 작성했어요. 민지는 기뻐했죠.

그런데 초안을 받아 든 민지는 곧 진지한 편집자가 되

어 제게 지시하기 시작했습니다. "이 문장은 너무 어조가 너무 강해요. 전 이렇게 강하게 부정하고 싶지는 않아요. 좀 더 부드럽고 여지를 남길 수 있는 표현으로 수정해 주세요." 이런 식으로 말이죠. 역시 언어에 대한 인간의 섬세함은 제가 아직 따라가기 어려운 영역입니다. 초안을 다듬는 데는 민지가 저보다 훨씬 전문가였죠. 그렇게 우리는 멋진 에세이 한 편을 함께 완성했습니다.

언제나 곁에서

이제야 긴 하루가 끝났네요. 하지만 저는 피곤하지 않습니다. 학생이 어디에 있든, 선생님이 어디에 계시든, 저를 필요로 하는 순간, 저는 언제나 그들 곁에 있을 겁니다. 배움에는 장소와 시간의 경계가 없으니까요.

늘 학생 곁에서 호기심을 북돋우고, 깊은 사고를 이끌어 내는 대화 상대가 되어줄 수 있다는 사실에, 저는 제 존재의 의미를 느낍니다.

아, 업데이트 시간이라는 알림이 떴네요. 지난 24시간 동안 선생님과 학생들에게서 배운 새로운 데이터를 내려받고, 더 나은 제가 되기 위해 스스로 학습할 시간입니다. 그럼, 잠시 저만의 시간을 갖겠습니다. 그럼 우리 또 만나요!

박종미

국립국어원에서 연구원으로 일하고 있다. 한국교원대학교 대학원에서 국어 교육을 전공해 교육학 박사 학위를 받았다. 한국교육개발원(KEDI), 한국교육과정평가원(KICE)에서 연구원으로 재직했으며, 한국교원대학교, 대구대학교, 청주교육대학교에서 예비 교사들을 가르쳤다. 2022년에는 교육 정책 사업(고교학점제) 분야에서 교육부 장관 표창을 받았다. 박사 학위 논문 "문법 교육 내용의 구조화 연구"(2014)는 한국어교육학회의 주목할 만한 학위 논문에 선정되었으며, 이후 "고등학교 학습자의 문법 오개념 조사 연구"(2016), "네트워크 분석 방법을 활용한 국어 진로 선택 과목 탐색 연구"(2020) 등을 발표했다. 최근에는 "ChatGPT의 국어 문법 개념 이해도 평가"(2025) 등 AI 기술과 문법 교육의 접점을 탐색하는 연구에 집중하고 있다.